느낀다는 것

너머학교 열린교실 05

채운 선생님의 예술 이야기

느낀다는 것

채운 글 정지혜 그림

너머학교

사람은 자연학적으로는 단 한 번 태어나고 죽지만 인문학적으로는 여러 번 태어나고 죽습니다. 세포의 배열을 바꾸지도 않은 채 우리의 앎과 믿음, 감각이 완전 다른 것으로 변할 수 있습니다. 이것은 그리 신비한 이야기가 아닙니다. 이제까지 나를 완전히 사로잡던 일도 갑자기 시시해질 수 있고, 어제까지 아무렇지도 않게 산 세상이 오늘은 숨을 조이는 듯 답답하게 느껴질 때가 있습니다. 내가 다른 사람이 된 것이지요.

어느 철학자의 말처럼 꿀벌은 밀랍으로 자기 세계를 짓지만, 인간은 말로써, 개념들로써 자기 삶을 만들고 세계를 짓습니다. 우리가 가진 말들, 우리가 가진 개념들이 우리의 삶이고 우리의 세계입니다. 또 그것이 우리 삶과 세계의 한계이지요. 따라서 삶을 바꾸고 세계를 바꾸는 일은 항상 우리 말과 개념을 바꾸는 일에서 시작하고 또 그것으로 나타납니다. 우리의 깨우침과 우리의 배움이 거기서 시작하고 거기서 나타납니다.

아이들은 말을 배우며 삶을 배우고 세상을 배웁니다. 그들은 그렇게 말을 만들어 가며 삶을 만들어 가고 자신이 살아갈 세계를 만들어 가지요. '열린교실' 시리즈를 준비하며, 우리는 새로운 삶을 준비하는 모든 사람들, 아이로 돌아간 모든 사람들에게 새롭게 말을 배우자고 말하고자 합니다.

무엇보다 삶의 변성기를 경험하고 있는 십대 친구들에게 언어의 변성기 또한 경험하라고 말하고 싶습니다. 이번 시리즈를 위해 우리는 자기 삶에서 언어의 새로운 의미를 발견한 분들에게 그것을 들려 달라고 부탁했습니다. 사전에 나오지 않는 그 말뜻을 알려 달라고요. 생각한다는 것, 탐구한다는 것, 기록한다는 것, 느낀다는 것, 믿는다는 것, 꿈꾼다는 것, 읽는다는 것……. 이 모든 말들의 의미를 다시 물었습니다. 그리고 서로의 말을 배워 보자고 했습니다.

'열린교실' 시리즈가 새로운 말, 새로운 삶이 태어나는 언어의 대장간, 삶의 대장간이 되었으면 합니다. 무엇보다 배움이 일어나는 장소, 학교 너머의 학교, 열려 있는 교실이 되었으면 합니다. 우리 모두가 아이가 되어 다시 발음하고 다시 뜻을 새겼으면 합니다. 서로에게 선생이 되고 서로에게 제자가 되어서 말이지요.

2011년 봄 고병권

차례

나는 느낀다, 고로 존재한다

자, 숲을 걷는 상상을 해 볼까요? 이제 막 동이 터 오기 시작했습니다. 나무 사이로 뿌연 빛이 내리고, 새와 벌레들이 소곤댑니다. 나는 숲길을 홀로 걷고 있습니다. 걸음을 옮길 때마다 사부작사부작 흙 밟는 발소리가 들립니다. 공기가 좀 싸하지요? 그래도 숲이 뿜어내는 청정한 음이온 때문인지 숨을 쉴 때마다 몸이 날아갈 듯이 가볍습니다. 보이는 것도 들리는 것도 별로 없는데, 내 온몸이 촉수가 되어 부산하게 움직이기 시작하는 숲 속의 아침을 느낍니다.

이번엔 도시를 걷는 상상을 해 보세요. 늦은 저녁이에요. 여기저기서 자동차 소리, 사람들 떠드는 소리, 노랫소리, 씽~ 소리를 내며 질주하는 오토바이 소리가 쉴 새 없이 들려옵니다. 번쩍번쩍하는 간판들이 눈을 어질어질하게 만들고, 이곳저곳에서 풍기는 냄새들이 코를 마비시킵니다. 보이는 것도 들리는 것도 너무나 많아서 도무지 한 가지에 집중할 수가 없지요? 뭔가를 채 느끼기도 전에 또 다른 것들이 그 느낌을 방해하지는 않나요? 정신은 없지만, 그런대로 신나고 활기가 느껴지기도 합니다. 하지만 숲 속에서 느꼈던 활기와는 좀 많이 다르지요?

케테 콜비츠, 「밭 가는 사람」
「농민 전쟁」 연작의 부분, 동판화, 1906년

　콜비츠의 판화에 등장하는 인물은 밭을 갈고 있습니다. 보통 밭을 가는 데는 소나 기계를 이용하지요. 그런데 그림 속 농부는 혼자 무거운 쟁기를 끌면서 땅을 갈고 있군요. 농부를 10초만 가만히 응시해 보세요. 어떤가요? 혹시 어깨가 뻐근하게 아파 오지는 않나요? 저는 그렇습니다만. 농부가 끌고 있는 쟁기의 무게가 제 몸에 고스란히 전해 오는 것 같아서 그만 '급피곤'해지고 맙니다.

에드가 드가, 「푸른 옷을 입은 발레리나들」
캔버스에 유채, 85×76cm, 1893년 무렵, 프랑스 파리 오르세 미술관

그러다가 드가의 가냘픈 무희들로 눈을 돌리면 무거움이 금세 사라져 버리죠. 잠자리 날개 같은 저 발레복을 좀 보세요. 무희들의 몸과 옷은 두꺼운 물감으로 채색된 게 아니라 새털처럼 가벼운 터치로 보드랍게 그려져 있습니다. 어린 무희들은 중력의 무거움을 가르고 공중으로 붕 떠오를 것처럼 가벼워 보입니다. 어떠세요? 여러분의 몸도 가벼워지는 것 같지 않나요?

이번엔 음악을 한번 들어 볼까요? 영국의 작곡가 엘가의 작품 중에 「위풍당당 행진곡」이라는 곡이 있습니다. 여러분도 들으면 아하! 하고 금세 알 거예요. 이 연주를 듣고 있으면 어깨를 펴고 당당하게 단상으로 걸어 나가 상이라도 받아야 할 것 같습니다. 실제로 이 곡이 시상식 때 많이 사용되는 것도 그런 느낌 때문이죠. 어깨가 축 늘어진 사람들이 이 곡을 들으면 아마 자기도 모르게 '그래! 할 수 있어!'라는 용기가 생겨날 겁니다. 반면에 러시아 작곡가 차이콥스키의 「비창」 같은 음악은 어떤가요? 그 음악을 들으면 우리 마음도 격정적으로 소용돌이치는 듯합니다.

클래식뿐 아니라 우리가 즐겨 듣는 가요도 마찬가지죠. 어떤 음악은 우리의 몸과 마음을 절로 들썩이게 하는가 하면, 또 어떤 음악은 마음을 한없이 가라앉게 만들기도 하지요. 음악은 이처럼 우리의 마음을 쥐고 흔드는 묘약입니다. 위로가 되기도 하고, 기쁨을 주기도 하고, 더욱 큰 슬픔으로 침잠하게 하기도 하고, 말로 표현할 수 없는 세계를 상상하게 하기도 하지요. 그냥 귀로 듣는 것뿐인데, 우리 마음에 크고 작은 파동과 여러 가지 색깔이 만들어집니다.

보는 것만이 아니라 우리가 듣고 맛보고 만지는 것들, 그러니까 우리의 몸이 받아들이는 모든 경험은 어떤 느낌을 불러옵니다. 누군가를 만나거나 어떤 일을 당했을 때도 마찬가지지요. 흔히 '느낌이 좋다/나쁘다'라든지 '느낌이 온다'라는 말을 합니다. 혹은 '필이 꽂혔다', '필 받았다'라고도 하지요. 딱히 꼬집어 말할 수는 없지만 어떤 기운이 내게 전해져 올 때, 그 기운이 내 마음과 몸에 어떤 '이상 기류'를 만들어 낼 때, 그 순간을 '느낌이 오는 순간'이라고 할 수 있습니다.

사람을 만날 때도 느낌이 중요하죠! 그리스의 꽃미남 알키비아데스는 소크라테스를 매우 존경했는데, 소크라테스의 이야기를 듣고 있으면 심장 박동이 빨라지면서 눈물이 뺨을 타고 흘러내렸다고 합니다.

그런가 하면 어떤 사제가 지나가다가 우연히 나무 아래 앉아 있는 붓다를 보았는데, 그 순간 붓다에게서 엄청난 힘과 평화를 느끼고는 "당신은 신이십니까?"라고 물었다고 하지요. 소크라테스나 붓다는 특별한 말이나 행위를 하지 않아도 존재 자체로 사람들에게 느낌을 주는 위대한 인간들이었던 거지요.

하지만 꼭 훌륭한 인물이 아니더라도, 우리가 만나는 사람들에게서 우리는 독특한 체취와 분위기를 느낍니다. 물론 우리도 그들에게 그런 느낌을 남길 거고요. 그중에 어떤 느낌은 오래 남고, 어떤 느낌은 금세 사라집니다. 또 어떤 느낌은 강렬하고, 어떤 느낌은 미약합니다. 살아 있는 모든 건 그렇게 저마다의 방식으로 느낌을 받고, 또 줍니다.

만약 우리에게 느끼는 능력이 없다면, 혹은 문득문득 다가오는 느낌의 순간들이 없다면 어떨까요? 사는 게 아주 싱겁고 지루하고 재미없을 겁니다. 하지만 다행히도 우리가 사는 날들은 매일이 다르고, 우리도 매일 조금씩 성장합니다. 그래서 어디서 무슨 일이 일어날지, 누구를 만나게 될지를 전혀 예측할 수 없지요. 당연히, 어떤 느낌의 순간들이 생겨날지도 알 수 없고요. 그건 좋은 느낌일 수도 나쁜 느낌일 수도 있고, 익숙한 느낌일 수도 낯선 느낌일 수도 있습니다. 우리는 그렇게 매일 무언가를 느끼면서 세계를 경험하고 타인을 배워 나가는 것이지요. 무언가를 느낀다는 것, 그건 바로 우리가 살아 있다는 증거입니다. 나는 느낀다. 고로 존재한다!

이제 우리는 살아 있는 것들이 보내는 신호와 전파들이 얽혀 있는 세계로, 우리를 전율하게 하고, 들뜨게 하고, 감전시키는 만남들을 향해 떠나려고 합니다. 준비되셨나요? 출발!

느낌의 순간들

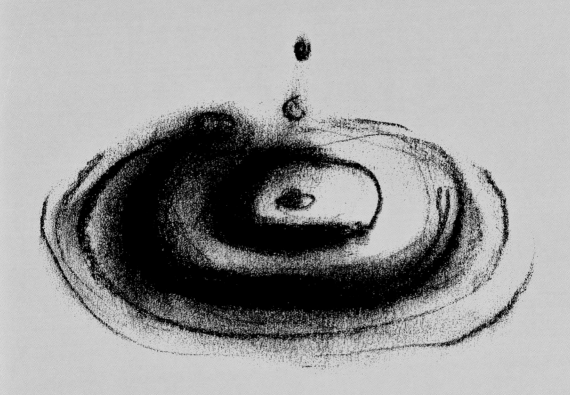

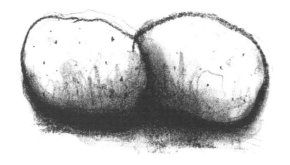

대체 내게 무슨 일이 일어난 거지?

좋아하는 노래가 있나요? 들을 때마다 온몸에 소름이 돋을 정도로 좋아하는 노래 말이에요. 아니면 좋아하는 사람이나 좋았던 순간들을 한번 떠올려 보세요. 생각만으로도 얼굴이 빨갛게 달아오르고 미소가 떠오르는 사람들, 혹은 짜릿한 느낌이 들었던 순간들이 있을 거예요. 좋아하는 것은 생각만 해도 몸이 들썩거려지지만, 싫어하는 것은 생각하자마자 몸이 딱딱하게 굳어 버립니다.

참 신기하죠? 이처럼 뭔가를 상상하는 것만으로도 온몸에 '필' 이 딱 오니 말이에요. 미처 생각할 틈도 없이, 무언가를 보고 듣고 상상하는 것만으로도 가슴이 울렁거리고, 다리가 후들거리고, 손이 떨리고, 눈물도 납니다. 때로는 망치로 머리를 맞은 것처럼 멍~해지기도 하고, 목덜미가 쭈뼛하기도 하고, 온몸이 감전된 듯 찌르르하기도 하고요. 이런 게 다 '느낌'입니다. 대체 이런 느낌은 어디서 어떻게 오는 걸까요?

'느낌'을 뜻하는 한자는 감(感)입니다. 심(心)과 함(咸)이 결합된 글자지요. '함'은 "큰 위압 앞에 목청껏 소리를 내다"라는 뜻입니다.

그러니까 '감'이란 "사람의 마음이 큰 자극 앞에서 움직이다"라는 뜻이라고 해요. 느낀다는 건 내 몸과 마음이 움직이는 겁니다. 달리 말하면, 다른 세계와 통하는 것이라고도 할 수 있겠죠.

주삿바늘을 통해 약물이 주입될 때, 혹은 목구멍을 타고 물이 내려갈 때 그렇듯이, 다른 세계가 내 안으로 들어올 때 몸뿐 아니라 마음에도 찌릿찌릿한 전류가 흐릅니다. 말 그대로 '감전(感電)'되는 것이지요. 느끼는 순간은 전기가 통하는 순간과 같습니다.

존재하는 모든 것들은 고유한 파장과 주파수를 발산하면서 끊임없이 움직이고 있습니다. 가만히 있는 것처럼 보여도 가만히 있는 게 아니에요. 돌도, 나무도, 바람도, 우리 주변의 모든 사물은 다 자신만의 에너지를 발산하고 있답니다. 때문에 두 물건이, 두 사람이, 두 세계가 만나면 실제로 '스파크'가 튑니다. 두 사람이 만나 첫눈에 반했을 때 '불이 붙었다'라든지 '눈에 불똥이 튀었다'라는 말을 하지요? 그거, 그냥 하는 말이 아닙니다. 느낀다는 건 두 개의 파장이 만나고, 이쪽과 저쪽 사이에 전류가 흐르고, 그 결과 몸과 마음이 움직이는 사건입니다.

짜릿하다, 찡하다, 산뜻하다, 섬뜩하다, 저릿하다, 상쾌하다 등등 느낌을 표현하는 단어들을 보세요. '옳다/그르다', '있다/없다'처럼 판단을 나타내는 말들과 달리 느낌을 나타내는 말들은 우리 몸의 변화와 밀접하게 연관되어 있습니다.

그러니까 느낌은 몸과 마음, 이 두 영역에 동시에 작동하는 거죠. 공부를 열심히 하는 게 옳다고 머리로는 아무리 생각해도, 몸과 마음이 거부하는 경우가 종종 있잖아요? 그런가 하면 아무 이유 없이 그냥 느낌이 안 좋은 날이 있는데, 이럴 때는 머리가 아니라 몸이 말을 합니다. 괜스레 몸이 굼뜨다든지 소화가 안 된다든지 하는 식으로요.

느낌은 몸과 마음에 어떤 사건이 일어나는 겁니다. 매일 똑같은 해가 뜨고 지는 것 같지만 어제의 태양과 오늘의 태양이 다르듯이, 내 몸과 마음은 매일 다른 하루를 살고, 다른 공기를 호흡하고, 어제와 다른 사건을 경험하고 있지요.

물론 우리의 머리는 생각합니다. 그게 사실은 다 어제와 같은 거라고요. 하지만 우리의 몸과 마음은 어제와 다른 방식으로 느낍니다. 생각은 어제의 이것과 오늘의 이것에서 공통점을 뽑아내지만, 느낌은 그 둘에서 차이를 발견합니다. 우리한테 일어나는 모든 사건이 '단 한 번'뿐인 것처럼, 느낌은 매번 다른 방식으로 우리 몸과 마음의 문을 두드리죠.

우리가 경험하는 다양한 느낌은 우리 마음에 어떤 풍경을 그려 냅니다. 파스텔 톤처럼 '뽀사시한' 마음의 풍경을 만들어 내기도 하고, 강렬한 빨강이나 파랑, 혹은 어두컴컴한 회색이나 검은색의 풍경을 그려 내기도 합니다. 또 어떤 때는 모든 물감을 풀어 뭉갠 것처럼 어지러운 풍경이 나타나기도 하지요. 뭉클하다, 아프다, 답답하다 같은 마음의 상태들은 외부에서 흘러 다니는 전류와 우리 자신이 밖으로 보내는 전류가 부딪치면서 만들어지는 것입니다.

움베르토 보초니는 말로는 표현하기 어려운 이 '마음의 상태'를 그림으로 그럴 듯하게 표현했습니다. 23쪽의 그림을 보세요. 이 그림은 어떤 마음을 표현한 걸까요? 어떤 느낌들이 이런 마음의 풍경을 만들었을까요? 비가 오는 것 같기도 하고, 무언가가 빠르게 움직이는 것 같기도 합니다. 우리의 마음은 순간적으로 스쳐 지나가는 느낌들이 만들어 내는 하나의 풍경인지도 모르겠습니다.

그런데 느낌도 마음도 한자리에 머물러 있는 법이 없습니다. 시장이 반찬이라고, 허기가 졌을 때 먹는 밥 한 그릇은 별다른 찬이 없어도 꿀맛이지요. 하지만 배가 부르면 절대 그런 맛이 안 납니다. 사람에 대한 느낌도 그렇습니다. 몇 년 전만 해도 만나면 좋아서 가슴이 콩닥콩닥 뛰던 친구였는데, 반이 달라지거나 전학을 가서 못 만나다 보면 거리에서 만나도 데면데면하지요.

가슴 뛰게 하던 것들이 시들해지기도 하고, 아무 느낌 없던 것들이 갑자기 강렬한 느낌으로 다가오기도 합니다. 이처럼 느낌은 반복되지 않습니다. 같은 것에 대한 느낌이라도 매번 다른 빛깔과 다른 강도를 띱니다. 왜 그럴까요?

움베르토 보초니, 「마음의 상태Ⅲ-머무는 사람들」
캔버스에 유채, 70.8×95.7cm, 1911년, 미국 뉴욕 현대 미술관

세상의 모든 것이 끊임없이 변하기 때문입니다. 우리가 마시는 공기는 늘 그대로인 것 같지만, 공간 속에서 기류는 끊임없이 바뀝니다. 찬 공기는 아래로 더운 공기는 위로, 바깥 공기는 안으로 안 공기는 바깥으로. 그뿐인가요? 숲 속의 나무도 새로 잎이 나는가 싶더니 금세 무성해지고, 그러다 또 잎이 지고, 그러기를 반복하면서 늘 다른 모습으로 살아가지요.

우리 자신도 마찬가집니다. 늘 '나는 나'인 것 같지만, 읽는 책, 하는 일, 만나는 사람들, 사는 공간과 살아온 시간에 따라 '나'는 계속 변해 갑니다. 그래서 오랜만에 만난 친구는 이렇게 말하지요. "너 예전이랑 느낌이 많이 다르다!" 우리는 머리로 따지고 이해하기 전에 그냥 느낌으로 압니다. 이 사람이 나를 좋아하는지 싫어하는지, 이 사람이 거짓말을 하는지 진실을 말하는지를요.

느낌은 '두 전류의 부딪침과 교류'라고 말했지요? 내가 변한다는 건, 내가 내뿜는 '전류'의 파장과 세기가 달라진다는 겁니다. 살아 있는 모든 것은 자신의 전류를 발산하면서 조금씩 다르게 변해 갑니다. 그러니까 두 전류가 만났을 때 발생하는 느낌도 매번 다를 수밖에요.

몸, 느낌이 새겨지는 지도

『잃어버린 시간을 찾아서』라는 소설이 있습니다. 마르셀 프루스트라는 프랑스 작가의 장편소설이지요. 이 소설에서 아주 유명한 대목이 있는데, 마들렌이라는 과자가 불러일으킨 신비로운 느낌을 묘사한 장면입니다.

> 그러자 갑자기 추억이 떠올랐다. 이 맛, 그것은 콩브레 시절의 주일날 아침(그날은 언제나 미사 시간 전에는 외출하는 일이 없었기 때문에), 내가 레오니 고모의 방으로 아침 인사를 하러 갈 때, 고모가 곧잘 홍차나 보리수 꽃을 달인 물에 담근 후 내게 주던 그 마들렌의 작은 조각의 맛이었다. (…)
>
> 레오니 고모가 나에게 준, 보리수 꽃을 달인 더운 물에 담근 한 조각 마들렌의 맛임을 깨닫자(왜 그 기억이 나를 그토록 행복하게 하였는지 아직 모르고, 그 이유의 발견도 한참 후일로 미루지 않으면 안 되었으나), 즉시 거리에 면한, 고모의 방이 있는 회색의 옛 가옥이 극의 무대장치처럼 나타나, 이 원채 뒤에 나의 양친을 위해 뜰을 향해 지어진 작은 별채와 결부되었다. 그리고 이 회색의 가옥과 더불어, 마을, 점심 전에 심부름을 가곤 했던 한 광장, 아침부터 저녁까지 어떠한 날씨에도 내가 쏘다니던 거리들, 날씨가 좋을 때만 다 같이 걸어간 길들이 나타났다.

그저 과자 한 입 베어 물었을 뿐인데, 주인공 마르셀은 어린 시절의 마을과 집, 거리, 사람들이 한꺼번에 눈앞에 펼쳐지는 것 같은 신비한 경험을 합니다. 혹시 이와 비슷한 경험이 있나요? 어떤 음식을 먹는데 예전에 엄마가 같은 음식을 만들어 주시던 그때 그 장면이 떠오른다든지, 어딘가에서 냄새가 솔솔 풍겨 오는데 문득 어린 시절에 놀러 갔던 어떤 풍경이 떠오른다든지 하는 경험 말이에요.

이처럼 느낌은 우리 몸이 감각하는 것들로부터 발생합니다. 그래서 유사한 감각을 만나면 유사한 느낌이 떠오르고, 어떤 느낌은 특정한 감각과 연결되기도 하지요. 마들렌 과자의 맛에서 마르셀이 유년 시절의 행복감을 떠올린 것처럼 말이에요.

우리의 기억력은 보잘것없지만, 의외로 우리 몸은 어떤 경험을 아주 잘 기억해 낸답니다. 자전거 배울 때를 생각해 보세요. 몇 번을 넘어지고 나서야 겨우 혼자 중심을 잡게 되지요. 조금씩 자전거에 익숙해지고, 마침내 두려움 없이 혼자서 페달을 밟으며 달리게 되었을 때의 짜릿함이란! 그런데 신기한 건 말이죠, 자전거 타는 법을 배우고 나면, 한동안 자전거를 안 타다가 오랜만에 타더라도 몸이 기억을 한다는 거예요.

노래나 춤도 마찬가지죠. 열심히 따라 부르던 노래는 10년이 지나도 가사와 멜로디가 절로 생각납니다. 딱히 의식하지 않아도 내 발이 집으로 향하듯이, 몸은 저절로 놀라운 기억력을 발휘합니다. 반

대로, 어떤 음식이나 상황에 대해 안 좋은 경험을 한 경우에는, 몸이 저절로 거부하거나 피하기도 하지요.

이처럼 감각은 몸에 새겨진답니다. 머리로는 어떤 느낌을 재생해 내기 힘들지만, 몸은 시간을 휘리릭 날아서 단번에 그 느낌이 펼쳐 지는 지점으로 우리를 데려다 줍니다. 마르셀이 마들렌 과자를 먹고 콩브레의 어린 시절로 돌아갈 수 있었던 것도 그 때문이지요.

어쩌면 우리 자신은, 살아가면서 만나고 겪는 모든 사건과 느낌이 새겨진 거대한 화석인지도 모르겠어요. 여러분의 몸과 마음엔 어떤 느낌이 새겨져 있을까요? 그 느낌들은 언제, 어떤 식으로 우리 앞에 다시 펼쳐질까요? 어떤 시공간으로 우리를 데려다 줄까요?

아는 것은 잠시 내려 두서도 좋습니다

느낌은 뭔가에 감전되는 겁니다. 뭔가를 만나지 않으면 느낄 수 없 지요. 만나더라도 거기에 내 몸과 마음의 한 부분을 뺏기지 않으면 느낄 수 없고요. 이 때문에 느낀다는 건 안다는 것과 다릅니다. 경험 하지 않아도 알 수는 있지만, 느낄 수는 없습니다. 느끼기 위해서는 '만남'이라는 사건이 먼저 일어나야 하지요.

자, 우리 앞에 사과가 있습니다. 먼저 이 '사과'에 대해 알고 있는 걸 떠올려 볼까요? 사과는 빨갛고 탐스러운 모양에 새콤달콤한 맛이

나는 과일입니다. 더 깊이 들어가면, 사과나무를 키우고 관리하는 법, 사과의 성분, 사과 산지 등을 설명할 수 있겠지요. 이 정도가 우리가 사과에 대해 '아는 것'입니다. 하지만 사과에 대한 지식이 아무리 정확하고 풍부해도 사과를 '느낄' 수는 없습니다. 많이 안다고 사과를 잘 그릴 수 있는 것도 아니고요.

프랑스의 화가 세잔은 사과 정물화로도 유명합니다. 그는 사과 하나를 '자신이 본 대로' 그리기 위해 자신과 엄청난 싸움을 벌여야 했다고 고백한 적이 있어요. 기껏 사과 하나 그리는 데 좀 '오버' 아닌가 싶지요? 하지만 세잔은 말합니다. 자신이 본 사과 하나를 그리기 위해서 먼저 자신이 알고 있는 사과를 다 잊어버려야 했다고요. 이게 대체 무슨 말일까요?

예를 하나 들어 봅시다. 같은 사과에 대해서도 농부가 사과를 대하는 태도와 과학자가 대하는 태도, 요리사가 대하는 태도는 모두 다를 겁니다. 농부는 사과 한 알에서 한 해의 농사를 떠올리겠지요. 올해 기후와 토양이 어떠했는지, 해충 피해는 있었는지 없었는지, 농부의 눈은 사과 한 알에서 햇빛과 바람과 노동을 봅니다. 하지만 요리사라면 어떨까요? 사과의 맛이 어떻고 식감이 어떤지, 어떤 재료들과 어울릴지, 어떤 요리에 응용하면 좋을지를 중심으로 사과를 볼 거예요.

이처럼 우리는 어떤 사물을 그냥 있는 그대로 보는 게 아닙니다.

폴 세잔, 「사과 바구니」(부분)
캔버스에 유채, 60×80cm, 1890~1894년, 미국 시카고 아트 인스티튜트

직업, 나이, 성별 등등에 따라 모두 다른 방식으로 사과를 보지요. 한마디로, 우리는 '알고 있는 대로' 사물을 봅니다. 그런데 이때 우리가 알고 있는 사실이 사물을 다른 식으로 보는 걸 방해합니다. 이런 경험은 여러분도 있었을 거예요. 안 좋은 소문을 들으면 그 사람의 모든 행동이 안 좋게 보인다든지, 좋은 얘기를 들으면 나쁜 행동을 해도 '그럴 만한 이유가 있었겠지'라며 넘어가게 되는 경험 말입니다. 사과 하나를 그리기 위해 우선 자신이 알고 있던 사과를 먼저 잊어야 했다는 세잔의 말이 이제 이해가 되나요?

느낀다는 건 앎 이전의 문제, 혹은 앎 밖에 있는 문제입니다. 아는 것과 무관하게, 무언가가 내게 말을 걸어오는 거지요. 아는 것만 꽉 움켜쥐고 있으면 아무것도 말을 걸어오지 않습니다. 느낀다는 건, 어떤 대상에 대해 내가 알고 있는 게 전부가 아닐 뿐 아니라 틀릴 수도 있음을 받아들일 때 발휘되는 능력입니다. 아는 걸 잠시 내려놓고 보고 듣고 만질 때, 같은 것도 전혀 다르게 느껴지는 법이거든요.

머리로 아는 사람은 종종 자신이 보는 것과 자신이 있는 자리를 부정하지만, 온몸으로 느낄 줄 아는 사람은 경험을 통해 생각을 수정하고 더 풍요롭게 만들면서 성장합니다. 더 잘 느끼기 위해 자신이 알고 있는 것을 내려놓기! 세잔이 위대한 화가가 될 수 있었던 비밀은 바로 여기에 있었던 거죠.

눈으로 보고, 귀로 듣고, 손으로 만지는 것들, 그러니까 몸으로 부딮혀 얻는 감각으로부터 우리 안에 무언가가 꿈틀거리는 걸 느낍니다. 내 안에 원래 있었다고도 할 수 없고, 없었다고도 할 수 없는 느낌들. 내가 살아 있음을 깨닫게 해 주는 건 바로 이 꿈틀거리는 느낌들이 아닐까요? 달팽이처럼 느린 속도로 전해져 오는 느낌이 있는가 하면, 빛의 속도로 스쳐 가는 느낌들도 있지요. 우리 몸과 마음은 수천 가지 속도의 느낌이 가로지르는 신비로운 장소랍니다.

마음은 몸을 싣고, 몸은 마음을 담고

대부분의 경우 옳고 그른 건 단번에 판단하기 어렵지만, 좋고 싫은 건 금방 느낄 수 있습니다. 마치 음식을 한 입 먹었을 때 맛이 있고 없음을 바로 알 수 있는 것처럼요. 공자님께서는 제자들에게 늘 말씀하셨다죠. 음식이나 이성을 좋아하듯이 공부를 좋아해 보라고요.

음식이나 이성을 좋아하는 건 거의 반사적이죠. 예쁜 이성을 보면 사귀고 싶고, 맛난 음식을 보면 먹고 싶은 마음은 생각할 틈도 없이 일어납니다. 우리 몸과 무의식에 그 감각이 벽화처럼 새겨져 있기 때문이지요. 좋고 싫은 건 몸이 먼저 느끼기 때문에, 두드러기나 열꽃처럼 바로 우리 몸에 나타납니다.

그러니까 공자님 말씀은, 공부를 그렇게 바로 '티 날' 지경까지 좋아해 봐라 하는 뜻이에요. 배울까 말까 한참을 고민하다가 억지로 배우는 게 아니라, 고양이가 생선 물어 채듯이 모르는 건 바로 배우고, 배고픈 사람이 밥 한 공기를 해치우듯 책을 읽는 것, 이게 공자님이 생각하시는 진정한 '호학(好學)'입니다.

앞에서 말했듯이 우리는 머리가 아니라 몸으로 느낍니다. 그래서 지식은 우리를 속일 수 있지만 느낌은 그럴 수 없습니다. 나를 말해 주는 건 학벌이나 재산, 직업이 아니라 좋아하고 싫어하는 것들, 감동을 주는 것들, 아프게 하는 것들, 기분 좋게 하는 것들, 화나게 하는 것들 등등이지요.

하지만 하나의 지식만을 고집해서는 안 되듯이, 즉각적이고 습관적인 느낌들을 너무 믿어서도 안 됩니다. 몸과 마음은 솔직하기도 하지만, 잘 안 변하려는 속성도 있거든요.

예를 들어 볼까요? 몸에 병이 생기는 까닭은 하나의 행동이나 생각을 계속 반복하기 때문입니다. 담배를 계속 피면 폐병이 생기고, 같은 스트레스에 계속 시달리면 암이 생기고, 불규칙한 식습관을 반복하면 위에 탈이 나죠. 그럼 병에 걸렸을 때 제일 먼저 뭘 해야 할까요? 병원에 가거나 약을 먹는 건 '두 번째' 처방에 불과합니다. 가장 먼저 해야 할 일은, 하던 걸 안 하고, 안 쓰던 부분을 쓰는 것입니다. 참~ 쉬워 보이지요? 하지만 이처럼 어려운 게 없습니다. 기존의 리듬이나 생활 습관을, 한마디로 몸과 마음의 패턴을 통째로 바꾸라는 얘기거든요.

'좋은 약은 입에 쓰다'는 속담이 있지요? 몸이 건강하다는 건 병에 걸리지 않은 상태를 말하는 게 아니라, 병에 걸렸을 경우 회복할 수 있는 능력이 있다는 걸 의미합니다. 또 회복할 수 있다는 건, 병에 걸리게 만든 습관을 기꺼이 버리고 새로운 리듬을 만드는 능력이 있음을 뜻합니다. 그러니 '약'이란 결국 우리의 '익숙함'을 깨는 것, '달달한 유혹' 대신 낯선 힘을 받아들이게 도와주는 자극이라고 할 수 있습니다. 그러니 좋은 약은 쓸 수밖에요!

느낌도 마찬가지예요. 우리의 느낌은 지금 우리의 모습을 그대로 드러내 줍니다. 내가 느끼는 만큼이 내 세계인 것이지요. 좋아하는 것만 받아들이거나 익숙한 것만을 고집하려고 하면 그 부분이 종양처럼 굳고 맙니다. 그러지 않으려면? 내게 말을 걸어오는 세계로 성큼성큼 걸어가야지요. 날 기쁘게 하는 것뿐 아니라 아프게 하는 것들도, 편하게 하는 것뿐 아니라 불편하게 하는 것들도, 익숙한 것만이 아니라 낯선 것들도 모두 우리에겐 약이 될 수 있습니다.

그러니 다르게 느끼고 싶다면 먼저 몸과 마음을 전과 다르게 쓰는 연습을 해 보세요. 다이어트도 결국 먹던 습관과 움직이던 습관을 바꿈으로써 몸을 다르게 만드는 거잖아요? 마찬가지로, 전과는 다르게 보고, 다르게 움직이고, 다르게 생각하고, 다르게 받아들이는 연습을 하면, 이전과 다른 식으로 세상을 느낄 수 있답니다.

반 고흐, 「이젤 앞에 선 자화상」(부분)
캔버스에 유채, 65.5×50.5cm, 1888년, 네덜란드 암스테르담 반 고흐 미술관

반 고흐, 「귀에 붕대를 감은 자화상」
캔버스에 유채, 51×45cm, 1889년, 개인 소장

지금이야 가장 유명한 화가가 되었지만, 생전의 반 고흐는 가난하고 못생긴 데다 재주도 별로 없는 화가였어요. 그림을 팔아야 돈이 생기고, 돈이 있어야 모델을 쓸 텐데, 그림 그리는 일 말고는 다른 일에 무관심했던 반 고흐는 모델 살 돈도 없었죠. 그래서 그는 자신의 얼굴을 그리기 시작했습니다.

두 자화상 모두 반 고흐가 그린 자신의 얼굴입니다. 그런데 이상하죠? 전혀 다른 사람처럼 보이니 말이에요. 「이젤 앞에 선 자화상」(34쪽 그림)은 색채가 대단히 화려하고 경쾌해요. 반 고흐가 파리에 왔을 때 그린 작품인데 그 당시의 파리는 새로운 건물과 사람들로 활기 넘치는 '아트 시티'였지요. 이 자화상에는 반 고흐가 도시에서 느낀 생기가 표현되었습니다. 하지만 반 고흐는 이런 분위기에 적응할 수가 없었어요. 파리의 화려함을 받아들이기엔 반 고흐가 너무 촌스러웠거든요. 그래서 그는 아를이라는 시골로 떠납니다. 여기서 다시 새로운 삶을 시작하고 싶어 했죠. 그러나 아를에서도 방황은 계속되었고, 거기서 만난 고갱과 심한 다툼을 하기에 이르지요.

「귀에 붕대를 감은 자화상」(35쪽 그림)은 고갱과의 다툼이 있은 직후의 자화상입니다. 같은 반 고흐고, 둘 다 반 고흐가 그린 건데도, 전혀 다른 감정이 느껴지지 않나요? 반 고흐는 거울에 비친 자신의 모습을 봤을 거예요. 하나는 희망에 부푼 모습이었을 테고, 하나는 모든 걸 다 포기하려는 절망적 인간의 얼굴이었겠죠. 반 고흐처럼 우리는 자신을 볼 때도 마음의 상태에 따라 전혀 다른 걸 느낍니다.

연암 박지원이 열하를 여행하며 지은 글 중에 「하룻밤에 아홉 번 강을 건너다」가 있습니다. 그중에서 자신의 집 앞 시냇물 소리를 언급한 부분이 있는데, 한번 읽어 볼까요.

내 집은 깊은 산속에 있다. 문 앞에 큰 시내가 있는데, 매번 여름철 큰비가 한번 지나고 나면 물이 급작스레 불어나 항상 수레와 기병, 대포와 북이 울리는 듯한 굉장한 소리를 듣게 되고, 마침내 그것은 귀에 큰 재앙이 되어 버렸다.

내 일찍이 문을 닫고 누워 가만히 이 소리들을 비교하며 들어 본 적이 있었다. 깊은 소나무 숲이 퉁소 소리를 내는 듯한 건 청아한 마음으로 들은 탓이요, 산이 갈라지고 언덕이 무너지는 듯한 건 성난 마음으로 들은 탓이요, 개구리 떼가 다투어 우는 듯한 건 교만한 마음으로 들은 탓이다. 만 개의 축(筑: 거문고 같은 악기)이 번갈아 소리를 내는 듯한 건 분노한 마음으로 들은 탓이요, 천둥과 우레가 마구 쳐 대는 듯한 건 놀란 마음으로 들은 탓이요, 찻물이 보글보글 끓는 듯한 건 흥취 있는 마음으로 들은 탓이요, 거문고가 우조(羽調)로 울리는 듯한 건 슬픈 마음으로 들은 탓이요, 한지를 바른 창에 바람이 우는 듯한 건 의심하는 마음으로 들은 탓이다. 이는 모두 바른 마음으로 듣지 못하고 이미 가슴속에 자신이 만들어 놓은 소리를 가지고 귀로 들은 것일 뿐이다.

똑같은 시냇물인데 매번 다른 소리를 냅니다. 아니 정확히 말하면, 우리의 마음 상태에 따라 시냇물 소리가 매번 다르게 느껴지는 것이죠. '몸 따로 마음 따로'는 있을 수 없습니다. 마음만큼 몸으로 느끼고, 몸으로 느끼는 만큼 마음에 저장이 되는 거죠. 때문에 잘 느끼기 위해선 몸을 잘 돌봐야 할뿐더러 자신의 마음을 잘 들여다봐야 합니다.

연암은 하룻밤에 아홉 번이나 강을 건너는 경험을 통해 사람이 오로지 보고 듣는 것에만 집착하면 바른길을 잃어버린다는 깨달음에 도달합니다. 우리는 눈으로만 보고 귀로만 듣는 게 아닙니다. 느낌은 눈과 귀로만 오는 게 아니라 온 마음과 몸으로 전해져 옵니다.

봄에 활짝 핀 꽃나무는 아름답습니다. 하지만 꽃의 아름다움은 채보름을 못 가서 시들고 말지요. 그러다 그 자리에 열매가 맺고, 어느새 앙상한 가지만 무성한 나무가 됩니다. 우리는 꽃을 보고, 열매를 보고, 앙상한 가지는 볼 수 있지만, 꽃에서 열매로, 다시 열매에서 앙상한 가지로 되어 가는 '과정'은 볼 수 없지요. 하지만 그 과정을 느낄 수는 있습니다.

클레의 그림 「꽃이 피다」에는 꽃을 나타내는 그 어떤 형상도 없습니다. 그런데 가만히 들여다보면 정말 꽃이 피어나고 있는 것 같지 않나요? 클레는 '활짝 핀 꽃'이 아니라 꽃이 '피고 있음'을 그린 거지요. 아마도 클레는 꽃의 생기를 느끼며 꽃망울이 터지는 소리를

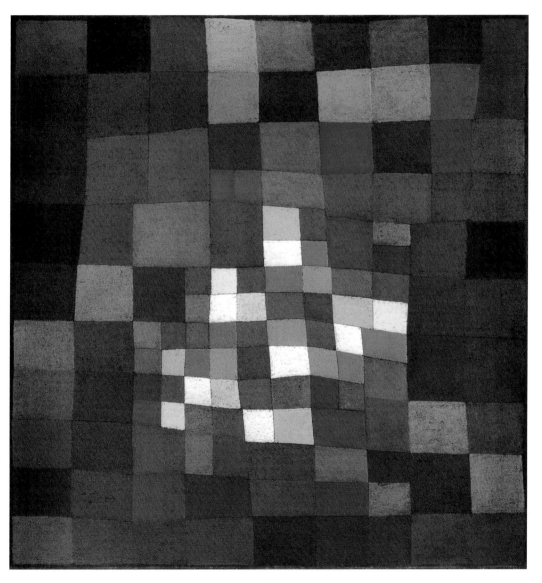

파울 클레, 「꽃이 피다」
캔버스에 유채, 81.9×81.3cm, 1934년, 스위스 취리히 빈터투어 미술관

들었을 겁니다.

보이지 않거나 들리지 않는다고 없는 게 아닙니다. 눈이나 귀가 아니라 온몸과 마음으로 보고 들으면 세상은 아주 또렷한 모습으로 그 신비로움을 드러내기도 합니다. 달빛이 은은하게 비치는 세상을 볼 수는 있습니다. 하지만 달빛이 내는 소리를 들을 수는 없지요. 그런데 프랑스의 작곡가 드뷔시는 달빛이 은은히 스며드는 세상의 풍경을 「달빛」이라는 음악으로 만들었습니다.

느낌의 영역은 무한합니다. 도달하지 못하는 시간이 없고, 이르지 못하는 장소가 없지요. 아르헨티나와 브라질의 접경지대에 이구아수라는 거대한 폭포가 있습니다. 누군가 그러더군요. 그 거대한 폭포 앞에 서면 자신이 하나의 물방울처럼 느껴진다고요. 그런가 하면, 문학작품이나 영화에서 어떤 인물에게 몰입하면 어느새 그 인물과 하나가 되어 웃고 우는 자신을 발견할 때도 있습니다. 이처럼 우리는 느낌을 통해 우리 자신이 축소되거나 확대되는 경험을 하고, 다른 존재와 합체되는 경이로운 체험을 하기도 합니다.

이런 경험들이 우리로 하여금 뭔가 말하게 하고 쓰게 하고 그리게 하는 거 아닐까요? 인간은 생각하는 동물이지만, 단지 생각만으로는 위대해질 수 없었을 겁니다. 예술은 예민하고 남다르게 느끼는 능력을 지닌 인간들이 남긴 위대한 유산인 거죠.

우리는 느낍니다. 공기를 느끼고 바람을 느끼고 살아 있음을 느끼고 두려움을 느끼지요. 그래서 우리는 움직입니다. 우리를 움직이게 하고 춤추게 하는 건 '느낌'입니다. 나는 느낀다, 고로 존재한다!

내가 느낀다? 세상이 느낀다!

제가 중학생이었을 때 「내 인생은 나의 것」이라는 노래가 인기를 끌었습니다. 내 인생은 어머니 아버지의 것이 아니라 내 것이라는, 뭐 뻔한 노래였습니다만 '내 인생은 나의 것'이라는 말이 멋있어서 많이들 따라 불렀습니다. 맞는 말이지요. 나를 낳아 주시긴 했지만, 부모님이 내 삶을 대신 살아 주는 것은 아니니 '내 인생은 나의 것'이라고 할 수 있을 겁니다. 그런데 사실, 내 인생은 부모님 것도 아니지만 그렇다고 내 것이라고 할 수도 없습니다. 내 것이라고 하기엔 내 인생에는 너무나 많은 인연이 얽혀 있거든요.

자, 놀라운 얘기를 하나 들려 드릴게요. 우리가 태어나려면 부모님의 정자와 난자가 만나서 수정이 되어야 한다는 것쯤은 알고 있죠? 그런데 내가 '최초로' 수정될 순간 확률은 10^{-19}이라고 해요. 나의 부모님이 태어날 확률도 각각 마찬가지겠죠. 엄마는 엄마의 부모님에 의해, 아빠는 아빠의 부모님에 의해 태어난 거고, 엄마의 부모님과 아빠의 부모님은 또 그 각각의 부모님이 결합함으로써 태어난 거고……. 이런 식으로 8대만 거슬러 올라가더라도, 내 탄생과 연관

된 선조의 수가 250명이나 된다는군요. 좀 더 거슬러 올라가 30대 위로 가면 내 탄생과 연관된 선조가 무려 10억 명이 넘는다고 해요. 세상에! 그러니까 내가 태어난 건 거의 기적이라고 할 수 있죠. 상상이 되나요?

그뿐인가요? 사람은 엄청난 수의 원자로 구성되어 있는데, 죽고 나면 그 원자들은 사라지지 않고 모두 재활용된다고 합니다. 때문에 우리 몸속의 원자들 중 상당수는 몇백 년 전에 살았던 사람들의 원자일 수 있다는 거예요. 어쩌면 붓다와 그리스도, 베토벤과 반 고흐의 원자가 여러분의 몸속에 있을지도 모릅니다.

놀랍지 않나요? 우리는 전 지구에 사는 거의 모든 사람의 인연으로, 거의 기적처럼, 지금 여기에 태어나 살고 있는 겁니다. 이래도 '내 인생은 나의 것'이라고 할 수 있을까요?

43쪽의 두 작품은 그리스도의 모습을 표현한 작품입니다. 그런데 하나는 대단히 권위적이고 무서워 보이는 그리스도인데 비해, 다른 하나는 인자하고 온화한 모습이지요? 두 작가 모두 당연히 그리스도를 본 적은 없을 터, 각자가 성경을 읽고 상상해 낸 모습을 표현한 거지요. 같은 성경을 보았지만 그들이 상상한 그리스도는 전혀 다릅니다.

중세의 그리스도는 무서운 얼굴에 엄격한 자세입니다. 이 시대의 사람들에게 예수는 무서운 얼굴로 '심판하는 자'였거든요. 하지만

프랑스 생트 푸아 교회 입구에 있는
중세의 그리스도 상, 12세기

미켈란젤로, 「최후의 심판」의 그리스도와 성모 부분
프레스코, 전체 면적 1700×1330cm, 1536~1541년,
바티칸 시스티나 성당

같은 '심판자'라도 미켈란젤로의 그리스도는 대단히 매력적이고 혈기왕성한 청년의 모습입니다. 표정도 부드럽고요.

두 미술가 모두 심판자의 모습을 상상했지만, 그들이 상상한 심판자는 확연하게 다릅니다. 왜일까요? 그들이 살았던 시대가 달랐기 때문이죠. 누구도 자기 시대를 완전히 벗어나서 상상하고 느낄 수는 없습니다. 우리가 속한 시대의 느낌이 개인이 느끼는 방식 속에 어떤 식으로든 녹아 들어가 있는 것이죠.

이번에는 두 비너스를 볼까요?

하나는 그리스 시대의 비너스고, 다른 하나는 영국의 구족화가 앨리슨 래퍼입니다. 그리스의 비너스는 우리에게 '미의 여신'으로 이해되지만, 또 다른 '비너스' 앨리슨 래퍼는 '불구자'로 규정됩니다. 왜일까요? 그건 '정상/비정상'에 대한 우리의 편견 때문입니다. 밀로의 비너스가 처음 발견되었을 때 그녀의 팔이 없는 상태였습니다. '팔이 없는 채로' 우리에게 온 것이지요. 그처럼 앨리슨 래퍼도 '팔이 없는 채로' 세상에 나왔을 뿐입니다. 그런데 왜 그녀는 아름다움이 아닌 추함으로, 정상이 아닌 '불구'로 비하되는 걸까요?

내 인생이 나만의 것이 아니듯이, 내 느낌도 나만의 것이 아닙니다. 느낌은 내가 살고 있는 이 시공간 속에서 만들어집니다. 그냥 느낀다고 느껴지는 게 아니라는 말이지요. 우리가 중세의 그리스도에서 이질감을 느끼는 건 중세라는 시공간으로부터 멀리 떨어져 있기

밀로의 비너스
대리석, 211×44cm,
기원전 2세기 말경, 프랑스 파리 루브르 박물관

**조각가 마크 퀸이
임신한 앨리슨 래퍼를
모델로 만든 조각상**

때문입니다. 앨리슨 래퍼의 모습에서 추함을 느낀다면, 우리가 우리 시대의 특정한 미의식이나 여성관에 사로잡혀 있기 때문입니다.

그러니 다르게 느끼고 싶다면 먼저 자신이 익숙하게 느끼는 방식에 대해 질문을 해야 합니다. 내가 살고 있는 시공간에서 벌어지는 일들에 대해, 내가 옳다고 믿는 것에 대해, 내 것이라고 생각하는 것에 대해, 당연하다고 생각하는 습관에 대해서 말이에요.

느낌은 우리가 생각하고 행동하는 것과 무관하지 않습니다. 생각하는 방식이 바뀌거나 관계가 변화하면, 또 행동이나 습관이 달라지면 느껴지는 것도 전과 다릅니다. 마치 심하게 앓고 난 후에 세상의 공기가 다르게 느껴지는 것처럼 말이에요.

나를 이루는 건 이 세상의 모든 것이랍니다. 이 세상의 흙과 물과 불과 공기, 그리고 이 세상을 떠도는 생각과 말들이 내 몸과 마음을 구성하지요. 그런 의미에서 나를 바꾸는 건 이 세상을 바꾸는 것이라고 할 수 있습니다.

나는 목마르다, 고로 느낀다

물은 무미건조합니다. 물론 어떤 땅에서 난 물이냐에 따라 물맛이 다를 수 있지만, 어쨌든 물 자체의 맛은 비슷하지요. 하지만 몸 상태에 따라 물맛은 천차만별입니다. 원효 대사의 일화 아시죠? 깨달음을 구하러 먼 길을 떠났던 원효 대사가 어느 날 밤 꿀물처럼 들이킨 액체가 해골 썩은 물이었음을 알고 나서 가던 길을 되돌아왔다는 일화 말입니다. 원효 대사는 왜 돌아왔을까요?

우리는 고귀하고 중요한 건 이 세상이 아닌 다른 어딘가에 있을 거라고 생각합니다. 그래서 주변의 것들은 대충 지나쳐 버리고, 더 그럴 듯한 것을 찾아 헤매지요. 하지만 치르치르와 미치르의 파랑새처럼, 가장 아름답고 소중한 건 지금 여기에 있답니다. 원효 대사도 바로 이 사실을 깨달았어요. 가장 깨끗하고 맛있는 물이 따로 있는 게 아니라 목마를 때 먹는 물이 최고의 물이라는 것! 그러니 깨달음을 구하기 위해 굳이 먼 곳으로 떠날 필요가 없었던 겁니다. 지금 그 자리에서 자신이 목마름을 느끼기만 하면 되니까요. 18세기 조선의 재기발랄한 문장가였던 박제가는 이렇게 말합니다.

속인들은 온통 한 가지 색깔로 모든 것을 파악하여 날마다 접촉하면서도 그 맛을 분간할 줄을 모른다. 혹자가 "물은 어떤 맛인가?"라고 묻는다면 그들은 이렇게 대답할 것이다. "물은 아무런 맛이 없다." 그러나 목마른 자가 물을 마셔 보라! 그러면 천하의 그 어떤 맛난 것도 이보다 더하지 않으리라. 지금 그대는 목마르지 않다. 그러니 저 물의 맛을 무슨 수로 알겠는가?

— 박제가, 「시선서(詩選序)」에서

물맛은 물에 있는 게 아니라 물을 마시는 우리의 상태에 있습니다. 물맛이 따로 있는 게 아니라 우리가 어떻게 물과 만나느냐에 따라 물맛이 달라지는 거죠.

반 고흐가 노동을 경시하고 예술만을 예찬하는 '폼생폼사' 예술가였다면 「감자 먹는 사람들」 같은 그림은 그릴 수 없었을 겁니다. 그림을 보세요. 이 그림 어디에서도 천재적인 테크닉이라든지 눈부시게 아름다운 색채를 찾아볼 수 없습니다. 인물들은 어쩐지 좀 어색하고, 색채도 어둡고 탁합니다. 하지만 여기엔 '진심'이 있습니다. 적어도 반 고흐는, 이들이 하는 노동이 얼마나 힘겨웠을지, 감자밖에 없는 저 식탁을 위해 얼마나 애를 태웠을지를, 그리고 식탁 앞에서 감사 기도를 드리는 그들의 마음을 느꼈을 겁니다. 그럴 수 있었던 까닭은, 노동하는 자들에게서 신의 뜻을 찾고 싶었던 반 고흐의 '목마름' 때문이었지요.

목마른 사람은 물에 세상의 모든 맛이 담겨 있음을 압니다. 배가 고픈 사람은 흰 쌀밥에 최고의 맛이 담겨 있음을 알 거고요. 누군가의 아픔이나 슬픔을 진심으로 느낀 사람은 그들에게 손을 내밀겠지요. 이유를 따지고 논리를 만들기 전에, 마음이 먼저, 발이 먼저 그들에게 도달합니다. 하지만 가만히 앉아 세상을 구경하려는 자들에게는 어떤 느낌도 오지 않습니다. 자신을 둘러싼 세계는 무시한 채 먼 곳에서 뭔가를 찾으려는 자들에게도요. 잘 느끼는 사람들은 열심

반 고흐, 「감자 먹는 사람들」
캔버스에 유채, 81.5×114.5cm, 1885년, 네덜란드 암스테르담 반 고흐 미술관

히 구하고, 열심히 움직입니다. 그러다 보면 목도 마르고 배도 고프고, 그럴 때 바로 가까이에서 가장 맛있는 물과 밥을 찾게 되는 거죠. 모든 게 다 재미없고 시시하다고 불평하는 사람들은, 어쩌면 가장 움직이기 싫어하는 게으름뱅일지도 모릅니다. 여러분은 어떤가요?

감은 통이다

그리스 시대에는 디오니소스 축제가 있었습니다. 디오니소스는 술의 신입니다. 술을 먹으면 사람들이 살짝 정신이 나가는 거 아시죠? 그걸 좀 멋있게 표현한 게 '망아(忘我)'라는 말입니다. 자신을 잊은 도취 상태에서 모든 사람은 하나가 됩니다. 그게 바로 축제지요. 고대의 축제는 공동체의 하나 됨을 경험하는 중요한 장이었습니다. 평소에는 계급이나 성별, 재산에 따른 위계질서에 따라 행동하지만, 축제 때는 모든 경계를 넘어 사람들이 '일체'가 됩니다.

지금은 많이 사라졌지만, 마을 사람들이 벌이는 놀이판이라든가 학교 운동회 같은 것도 일종의 축제라고 할 수 있겠지요. 청군과 백군으로 나눠서 열심히 응원하다 보면 어느새 '같은 팀'이라는 소속감이 생기고, 옆 사람과 '아무 이유 없이' 친해지기도 하잖아요? 그런 게 바로 '공감(共感)'입니다.

공감은 똑같이 느끼는 것이라기보다는, 자신을 잊은 채 한 덩어리

피터르 브뤼헐, 「야외에서의 혼례 춤」
패널에 유채, 119×157cm, 1566년, 미국 디트로이트 미술관

가 된 듯한 느낌이라고 할 수 있습니다. 월드컵 때의 거리 응원을 생각해 보세요. 월드컵이 아니라면 거리에서 모르는 사람을 붙들고 부둥켜안을 일이 없을 거예요. 그런데 골을 넣는 순간, 생판 모르던 사람들이 갑자기 한 덩어리가 되어 외칩니다. 마치 따로따로 있던 찰흙 조각이 하나로 합쳐지듯이, 한 덩어리가 된 사람들 사이에서 거대한 불꽃이 튀고 에너지가 발생합니다. 이게 공감이 만들어 내는 힘이지요. 1+1＝2가 아니라 10도 될 수 있고 100도 될 수 있다는 것.

흔히 말하는 '소통'도 마찬가지예요. 단지 서로의 말에 끄덕거리기만 해서는 소통이 될 리 없습니다. 소통이란, 말 그대로 막힌 데를 뚫고 서로를 통과해 가는 것이거든요. 공감은 다른 두 세계 사이에 전류가 흘러 거대한 에너지 장을 만드는 것이고요. 그러니까 소통과 공감은 언제나 둘 이상에서 벌어지는 사건입니다.

느끼는 것은 고독한 행위가 아니라 고독을 넘어가는 행위입니다. 혼자서는 느낄 수도, 통할 수도 없으니까요. 느끼는 것은 다른 것과 만나고, 다른 것을 통과해 가는 것입니다. 그러면서 우리는 다른 세계를 경험하고, 다른 것이 되는 경험을 하며, 거대한 전체와 한 덩어리가 되는 신비로운 체험을 하게 됩니다.

큰 호흡으로 아침 공기를 들이마셔 보세요. 이 계절 전체가 내 몸으로 들어오는 것 같지 않나요? 숨을 쉴 때마다 우리는 이 우주 전체와 '공감'하고 '소통'하는 거랍니다. 문을 걸어 잠그고 혼자 숨어드는 사람은, 마치 "난 죽을 거야"라고 말하는 것과 같습니다.

하지만 다른 이들과 나 사이에 공통적인 힘이 흐른다고 해서 모두가 똑같아지지는 않습니다. 모두가 똑같이 생각하고 느끼는 세상만큼 섬뜩한 세상이 또 있을까요? 화이부동(和而不同)이라는 말이 있습니다. 어울리되(和) 같아지지는(同) 않는다는 뜻이지요. 어울린다는 건 쉽게 말하면 '따로, 또 같이'라고 할 수 있을 거예요. 저마다의 다름을 갖고서 서로 어울린다는 것이지요. 마치 심포니에서 하나의 악기가 다른 악기들과 어울리듯이 말입니다. 소통한다는 건, 다른 것이 나와 같아지기를 원하는 게 아닙니다.

사람은 누구나 자기만의 기질을 가지고 태어납니다. 어떤 사람들은 나무처럼 뻗어 가는 기질을, 어떤 사람들은 돌처럼 차갑고 단단한 기질을 갖고 태어나지요. 그런데 이 기질은 여간해선 바꾸기가 쉽지 않죠.

느끼는 것도 기질에 따르는 경우가 많습니다. 그래서 대체로 좋아하는 건 계속 좋아하고 싫어하는 건 계속 싫어하게 마련이지요. 우리가 다른 존재들과 '통'하고 '감'해야 하는 건 바로 그런 내 기질을 조금이라도 바꾸기 위해서입니다. 자기 기질을 지키면서 한길로만 가다 보면, 그야말로 '고집불통'이 되고 말 테니까요. 느낌은 우리가 '고집불통'의 고체로 굳어지는 걸 막아 줍니다. 느낌을 통해 우리는 말랑말랑한 반죽처럼 우리 자신을 변형할 수 있게 되는 거죠.

우리는 나 아닌 것과 통함으로써만 말랑말랑하게, 출렁거리는 물처럼 자유롭게 존재할 수 있습니다. 물은 물의 성질을 버리지 않으면서도 그릇에 따라 자유자재로 자신의 모습을 바꿉니다. 길이 좁으면 좁은 대로 넓으면 넓은 대로, 더러우면 더러운 대로 깨끗하면 깨끗한 대로, 그저 쉼 없이 흐를 뿐이지요. 이렇게 물은 물인 채로 다른 것과 아름답게 어울립니다.

느끼고 싶고 소통하고 싶은가요? 그렇다면 부지런히 흐르면 됩니다. 제자리에서 기다리지 말고, 나랑 다르다고 배척하지도 말고, 물처럼 쉼 없이 졸졸졸.

느끼는 자여, 떠나라

저한테는 초등학교 5학년이 된 조카 해강이가 있답니다. 그 아이의 어린 시절 꿈은 '윈드'가 되는 것이었어요. 이 얘기를 처음 들었을 때 깜짝 놀랐지요. 아니, 이렇게 멋지고 시적인 생각을 하다니! 어쩌면 저 아이는 천재적인 시인이 될지도 몰라! 하지만 나중에 알고 보니 그게 '파워레인저 윈드'이더군요. 뭐 그래도 전 해강이의 그 꿈을 응원해 주고 싶습니다. 윈드든 파이어든, 해강이의 꿈은 '변신'이었다고 믿으니까요.

변신은 어렵지 않습니다. 바람을 보세요. 나무를 만나면 나무 사이로, 모래사막을 지날 땐 모래를 어루만지면서, 그렇게 모든 것을 '통과'해 가지 않습니까? 바람은 아무런 형체도 없고 소리도 없지만, 다른 것들을 흔들면서 소리를 내고, 다른 것들을 통과하면서 자신의 흔적을 만듭니다. 그런 게 바로 변신입니다. 장비도 필요 없고, 별다른 준비 운동도 필요 없지요. 그저 해강이처럼 손을 크로스하면서 외치면 됩니다. 변신～～～!

지금까지 느낌이 뭔지에 대해 얘기했어요. 느낀다는 건 그저 막연히 어떤 '필'이 오는 것인 줄로만 알았는데, 그게 아니었죠? 우리가 아는 것이 느끼는 데 영향을 주기도 하고, 우리가 사는 세상이, 우리의 소망과 의지가 느끼는 방식에 영향을 미칩니다. 그뿐인가요. 몸이 어떤 상태인지, 다른 사람들과 어떤 식으로 관계를 맺는지에 따라서도 느끼는 방식이 달라집니다. 느낀다는 건 무언가를 알고 이해하는 것보다 훨씬 더 깊은 곳에서 일어나는 사건이에요.

더 많이, 깊이, 잘 느끼는 사람들은 다르게 살고 싶어 하고, 다른 사람이 되고 싶어 합니다. 예술가들이나 위대한 성인들은 아마 우리보다 더 많이 아는 사람들이라기보다는 잘 느끼는 사람들이 아니었을까요? 그들은 모두 변신을 꿈꾸지요. 자신의 변신뿐 아니라 이 세상의 변신을요! 우리가 사는 세상에 파워레인저는 없지만, 느낌을 통해 우리는 파워레인저처럼 우리 자신을 변신시킬 수는 있습니다. 윈드로, 파이어로, 아쿠아로!

이제 여러분에게 느낌을 통해 변신하는 멋진 달인들을 소개하려
고 합니다. 변신의 달인들은 어떻게 느끼고, 어떻게 공감할까요? 윈
드가 되기를 꿈꾸었던, 세상의 모든 해강이들과 함께, 이제 우리 느
낌의 달인들을 만나러 떠나 볼까요?

● 세잔과 피카소처럼 보기

폴 세잔, 「큐피드 석고상과 '해부학'」
종이와 나무에 유채, 71×57cm, 1895년,
영국 런던 코톨드 인스티튜트 갤러리

파블로 피카소, 「만돌린을 든 소녀」
캔버스에 유채 100.3×73.6cm, 1910년,
미국 뉴욕 현대 미술관

세잔의 정물화를 봅시다. 탁자 위에 사과와 석고상이 있고, 뒤로는 캔버스가 있군요. 그런데 뭔가가 좀 이상하지 않나요? 그림이 어쩐지 좀 기울어진 것도 같고, 어딘지 모르게 불안정해 보입니다. 석고상의 오른쪽에 있는 사과는 데구루루 구를 것만 같고요.

자, 질문입니다. 이 그림은 어느 방향에서 바라본 걸까요? 다시 말해, 시점이 어디에 있을까요? 탁자 위의 사과는 위에서 내려다 본 듯한 반면, 석고상은 아래에서 올려다 본 시점으로 그려졌습니다. 그런가 하면, 뒤쪽에 있는 캔버스는 살짝 옆으로 방향을 틀어서 그린 것 같고요. 이처럼 세잔의 정물화 한 폭에는 여러 개의 시점이 공존합니다. 피카소는 세잔의 이런 정물화를 보고 무릎을 쳤지요. 아하, 그렇구나! 한 방향에서 하나의 시점을 갖고 그리는 건 공간의 한 면만을 납작하게 떼어 내는 것이로구나! 그래서 피카소는 사람을 그릴 때 정면, 측면, 위,

아래 등의 여러 시점에서 본 대로 면을 분할했던 거지요.

예를 들어 볼까요? 친구의 얼굴을 그린다고 합시다. 정면에서 그리면 친구의 생김새를 보여 줄 순 있지만, 트레이드마크인 '뒤짱구'를 보여 줄 수는 없죠. 정수리도 보여 줄 수 없고, 뾰족한 콧날도 그릴 수 없습니다. 친구의 성격을 그린대도 마찬가지일 거예요. 어떤 사람을 한 측면에서만 파악하는 건 좀 부당하죠? 여러 사건을 함께 겪으면서 다양한 측면을 봐야 그 사람의 성격이 어떤지를 알 수 있습니다.

우리는 뭔가를 바라볼 때 어떤 '시점' 혹은 '관점'을 갖게 됩니다. 사건을 바라볼 때도 어떤 관점에서 보느냐에 따라 사건의 해석이 달라지죠. 이때 대부분의 사람들은 관습적으로 자기가 서 있는 자리에서만 사물이나 사건을 보려고 한답니다. 그리고 그냥 그게 '정답'이라고 믿어 버리죠. 다른 관점에서 보면 다를 수도 있다는 생각을 못 하고 말이에요. 그런데 세잔은 움직였습니다. 자신 앞에 놓인 사물을 더 잘 보기 위해 하나의 관점이 아니라 여러 개의 관점을 취했던 거죠.

세상을 느낀다는 것, 무엇과 공감한다는 건 하나의 관점이 아니라 여러 관점을 갖는 것입니다. 자기가 있는 자리, 자기의 생각, 자기의 믿음을 한번쯤 '쿨하게' 벗어나 보세요. 세잔과 피카소처럼 말이죠. 마술처럼 세계가 달라질 테니까요! 눈은 두 개뿐이지만, 우리의 몸과 마음은 눈에게 천 개의 관점을 선물할 수 있답니다.

느낌의 달인들

살아가는 데는 무수히 많은 '기술'들이 필요합니다. 잘 생각하기 위해서도 기술이 필요하고, 잘 대화하기 위해서도 기술이 필요하며, 심지어 잘 먹고 잘 자기 위해서도 기술이 필요한 법이죠. '그까이꺼 대~충' 생각해서는 답이 나올 리 없고, 잘 먹고 잘 자는 기술이 없으면 건강을 해치게 되니까요. 우리가 살아가는 과정은 그 기술들을 연마하는 과정인지도 모르겠습니다.

느끼는 것도 아주 중요한 기술 중에 하나입니다. 아픔을 느끼지 못하는 몸은 건강한 게 아니라 심각하게 병이 든 거라고 해요. '감기'라는 게 뭔지 아세요? 감기(感氣), 말 그대로 외부의 기운을 느끼는 거죠. 그럼 외부의 기운을 어느 때 잘 느낄 수 있을까요? 감기가 잘 드는 시기가 언젠지 생각해 보세요. 바로 환절기입니다. 환절기는 계절이 바뀌는 때, 즉 우주 자연의 리듬이 뭔가 크게 변화하는 때를 말하죠. 특히 여름에서 가을로 넘어가는 시기에는 더운 기운에서 찬 기운으로 급변하기 때문에 여기저기서 콜록거리고 훌쩍거리고 난리가 납니다.

감기는 그렇게 몸이 외부 기운의 변화를 느낄 때 나타나는 증상 중 하나인 거죠. 그러니 감기 좀 걸렸다고 엄살 부릴 거 없답니다.

그건 오히려 내 몸이 지금 외부와 소통하고 있다는 증거니까요. 오히려 감기 한 번 안 걸리고 살아가는 친구들이야말로 소통의 능력을 상실한 거지요. 기운의 변화를 느껴 가면서, 한번씩 그렇게 아파 가면서, 우리의 몸은 '건강의 기술'을 획득해 간답니다.

마음으로 느끼는 것도 마찬가지예요. 어떤 책을 읽었을 때, 멋진 그림을 봤을 때, 아주 낯선 음악을 들었을 때, 마치 '감기'에 걸린 것처럼 아플 때가 있습니다. 갑자기 예전의 생각이 다 틀린 것처럼 느껴지기도 하고, 예전에 알던 세상이 아무것도 아닌 것처럼 시시해지기도 하지요. 그 순간이 바로 마음이 감기에 걸린 순간입니다. 아이들이 감기 한번 앓고 날 때마다 쑥쑥 크는 것처럼, 마음의 감기를 잘 이겨내면 좀 더 성숙해지고 조금 더 큰 세계로 나아가게 되지요. 말하자면 살아가는 데 필요한 또 하나의 기술을 갖게 되는 셈입니다.

사랑을 하면 그렇다고 하잖아요? 살짝 열에 들뜨기도 하고, 땅에서 조금 떠서 걷는 것 같기도 하고, 아무튼 세상이 전하고는 다르게 보입니다. 프루스트라는 작가가 그랬다죠. 사랑에 빠진 사람이야말로 세상 모든 것에 대해 가장 민감하게 느낄 준비가 된 거라고요. 사랑하는 만큼 내가 소통하는 세상이 커지고, 그만큼 우리 자신도 커집니다. 그럼 어떻게 되냐고요? 외롭지 않게 되는 거죠. 불행이 닥쳐도 혼자 숨어 울지 않을 수 있게 됩니다. 우울증에 걸려 자학하거나 골방에 틀어박혀 세상을 원망하는 사람들은 불쌍한 사람이기 전에 무능력한 사람들입니다. 느낌의 기술을 갖지 못한 사람들인 거죠. 자, 그럼 이제 그 기술들을 어떻게 연마해서 내 몸에 장착할 수 있을지, 느낌의 달인들을 만나러 가 볼까요?

공감의 달인: 아프냐? 나도 아프다

일본 애니메이션의 거장 미야자키 하야오를 아시나요? 원령공주, 토토로, 포뇨, 센과 치히로……. 이 정도면 '아하~!' 하시겠죠? 제가 그의 작품을 아주 좋아해서 해강이에게도 '강추'하고 있습니다. 전 그중에서도 『바람 계곡의 나우시카』를 제일 좋아합니다. 그 어떤 철학책 못지않게 훌륭할 뿐 아니라, '느낌의 달인'이 어떤 존재인지를 가장 잘 보여 주는 책이지요. 애니메이션도 있지만 책의 감동에는 못 미칩니다.

바람을 타고 자유자재로 날아다니는 나우시카. 그는 인간에게 분노한 벌레의 마음을 읽고, 사람을 보면 무섭게 공격하는 여우다람쥐에게도 기꺼이 상처 입으면서 자신의 마음을 엽니다. 바람, 벌레, 땅, 하늘…… 말 그대로 만물과 교감하는 느낌의 달인이죠. 나우시카는 그 교감의 능력을 위대한 자연에게 되돌려 줍니다. 그들의 분노에 귀 기울이고, 그들의 상처를 함께 아파함으로써 자연과 인간이 공생할 수 있는 길을 모색하지요.

만물과 교감하고
소통하는 나우시카

예전에 인도의 자이나 교도들은 하루에 두 번씩 스승 앞에서 씨와 녹색 식물, 이슬, 딱정벌레, 곰팡이 등을 자기도 모르는 사이에 밟는 바람에 그들에게 주었을 괴로움에 대해 이렇게 회개했다고 합니다.

"저는 모든 생물에게 용서를 구합니다. 모든 피조물이 저를 용서하기를 바랍니다. 제가 모든 피조물과 우정을 나누고 어떤 피조물에게도 적의를 품지 않게 해 주소서."

우리나라에서도 구제역이나 조류 독감 같은 동물 전염병이 점점 더 잦아지고 있습니다. 그럴 때마다 우리는 상상도 못 할 만큼 많은 동물들을 생매장합니다. 그런데 사실 그런 동물 전염병이 발생하는 데에는 인간도 책임이 큽니다. 육식이 일상화되고, 인간의 교류가 빈번해지고, 사료에 처리된 방부제 때문에 감염이 대규모로, 무서운 속도로 일어나는 것이죠.

나우시카가 오늘날 이렇게 생매장당하는 동물들을 봤다면, 가슴을 치며 통곡했을 겁니다. 그들의 죽음이 나와 무관하지 않으며, 그들의 죽음이 언젠가는 인간의 죽음을 불러온다는 사실을 알기 때문이죠. 나우시카는 만물을 자기 몸처럼 느낍니다. 그들의 아픔을 자기의 아픔으로 느끼고, 그들의 기쁨을 자기의 기쁨으로 느낍니다. 함께 살고(공생), 함께 느끼고(공감), 함께 나누는(공유) 삶을 사는 것이죠.

불교에서는 이런 존재를 '보살'이라고 부른답니다. 보살은 이미 깨달은 자인데도, 아파하는 미물을 나 몰라라 남겨 두고 차마 혼자 다른 세상으로 갈 수 없어서 그들과 함께 아픔을 나누는 존재입니다. 보살은 이렇게 말하지요. "아프냐? 나도 아프다. 기쁘냐? 나도 기쁘다." 말 그대로, 공감 능력의 '종결자'인 셈이지요.

「TV 동물농장」이라는 프로그램이 있습니다. 해강이 할머니께서 즐겨 보시는 프로그램이지요. 여기에는 매주 병든 동물, 외로운 동물, 대인 기피증이 있는 동물 등등 사람과 똑같은 감정을 느끼고, 사람이 앓는 것과 똑같은 마음의 병을 앓는 동물들이 등장합니다. 이유 없이 밥을 안 먹거나 사람을 향해 공격적으로 짖거나 사람만 보면 숨는 동물들은 모두 상처를 입은 존재들입니다. 이런 동물들과 교감한다는 어떤 치료사의 치료법이란 그저 그 동물들을 가만히 바라보고 마음으로 끊임없이 신호를 보내는 것뿐입니다. "나는 너를 이해한다, 네가 아프니까 내 마음도 아프다, 니가 아프지 않았으면 좋겠다"라고 계속해서 동물들의 마음에 말을 건네는 것이죠. 그런데 신기하게도, 그렇게 치료사가 한참을 보고 있으면 동물들이 마음을 열고 다가오기 시작합니다. 동물 치료사들은 모두 나우시카의 후예들인가 봅니다.

인디언이나 원시 부족들에게는 '통과의례'라는 게 있습니다. 일정한 나이가 되면 공동체의 일원이 되기 위해 거쳐야 하는 '성인 의식' 같은 거지요. 공동체의 일원이 된다는 건 그들이 사는 땅과 하늘의 일부가 됨을 의미합니다. 그래서 그들은 자기의 몸 어딘가에 그 소속감을 표시하는 의례를 행합니다.

예컨대, 높은 산악 지대에 사는 부족은 새의 깃을 몸에 박는가 하면, 해안가에 사는 부족은 물고기의 뼈를 가지고 몸에 어떤 표식을 합니다. 그 고통을 견뎌야 비로소 이 땅의 일부로 다시 태어나는 것이지요. 이 고통스러운 통과의례를 통해 그들은 공동체가 되고, 그들이 사는 자연이 됩니다.

진정한 어른이 된다는 건, 이런 식으로 내가 사는 세상을 받아들이고, 이 세상의 모든 존재와 함께 느끼는 법을 배우는 과정이 아닐까요? 그럴 수만 있다면 이 세상엔 전쟁도, 살육도 없을 텐데요. 내가 살자고 다른 존재를 괴롭히거나 죽이는 일도 없을 거고요. 저는 해강이와 같은 친구들이 이 우주와 공감할 수 있는 크고 멋진 어른으로 성장하기를, 자기와 이 세계가 하나임을 느낄 수 있는 어른이 되기를 진심으로 소망합니다. 부디 나우시카의 후예가 더 많이 생겨나기를!

치유의 달인: 예술가와 의사

보살이 세상과 공감하는 방식은 다양하답니다. 어떤 보살은 지혜를 통해, 어떤 보살은 약을 통해 사람들의 아픔을 치유하고, 어떤 보살은 지옥에 떨어진 중생들의 소리를 듣기 위해 기꺼이 지옥행을 자청하기도 합니다. 관세음(觀世音)보살은 말 그대로 세상의 모든 소리를 살펴보는 보살입니다. 오로지 앞만 보는 눈과 달리, 귀는 사방에서 오는 소리를 듣습니다. "말하지 않아도 알아요~"라는 CF 노래처럼, 말하지 않아도 마음에서 마음으로 전해지는 소리들이 있습니다. 관세음보살은 그렇게 고통스러워하는 모든 사람의 마음을 잘 살피고 어루만져 주는 보살입니다. 마치 엄마처럼요. 그래서인지 관세음보살은 흡사 넉넉한 엄마처럼 표현됩니다.

수월관음도(부분)

119.2×59.8cm, 14세기 중엽, 삼성미술관 리움

보살이 사람들의 고통을 치유하듯이, 의사는 사람들의 병을 치료합니다. 의사가 꿈이라는 친구들이 많습니다. 왜 의사가 되고 싶을까요? 멋져 보이니까? 돈을 잘 버니까? 사회에서 알아주는 직업이니까? 안 됩니다, 안 돼요. 그렇게 생각하는 사람은 절대로 의사가 되면 안 됩니다. 의사야말로 환자들의 아픔을 누구보다도 잘 느끼는 사람이어야 하거든요.

옛날 중국에 편작이라는 명의가 있었습니다. 우리나라 명의의 대명사가 허준이라면, 중국 명의의 대명사는 편작이지요. 편작에게는 두 형이 있었는데, 모두 의사였다고 합니다. 편작만 이름이 난 걸 보면 아마도 형들은 형편없는 의사였을 듯하죠? 그런데 실은 편작이 제일 실력 없는 의사였다고 하네요. 어느 날 위나라의 문왕이 편작에게 삼형제의 우열을 묻자, 편작이 이렇게 답했다고 합니다.

"맏형이 가장 좋고, 작은형이 그다음이며, 내가 최하이다. 맏형은 병이 나면 신(神)을 보는데, 아직 형체를 이루기 전에 이것을 제거한다. 그러므로 명성이 집 밖으로 나가지 않는다. 작은형은 병을 고치는 것이 털끝에 있다. 그러므로 명성이 마을 밖으로 나가지 않는다. 나(편작) 같은 사람은 혈맥을 찌르고 독약을 투여하며 기부를 고치는 치료를 하는 데 그친다. 그러나 제후에게까지 명성이 난다."

─『할관자』 중 「세신편」에서

한마디로, 진짜 명의는 척 보면 안다는 거죠. 병이 나기 전에 어떤 사람의 인상, 걸음걸이, 냄새 등을 통해 바로 병의 기운을 직감하는 것이 최고의 명의고, 찌르고 투약하고 째는 의사는 급이 제일 떨어진다는 겁니다. 물론 이 말을 곧이곧대로 받아들일 필요는 없어요.

다만 한 가지 분명한 건, 최고의 명의가 되기 위해서는 눈에 보이지 않는 것까지 감지할 수 있어야 한다는 겁니다. 바람의 방향이라든가 대기의 흐름 등을 통해 날씨를 예측하듯이, 어떤 사람의 몇 가지 특성만 가지고도 아직 밖으로 드러나지 않은 병의 기운을 느낄 수 있다는 거예요. 사람들이 다 볼 수 있는 병을 고쳐야 용하다고 소문이 날 텐데, 아직 드러나지도 않은 병을 고치니 사람들이 알아줄 턱이 있나요. 그래서 편작의 형은 그 명성이 밖으로 퍼지지 않았던 겁니다.

이런 점에서 의사는 예술가와 대단히 비슷합니다. 흔히 예술가는 아름다운 물건을 만드는 사람이라고 여깁니다. 하지만 예술가가 만들어 내는 작품 중에는 당대에 '끔찍하다'거나 '추하다'고 비난받은 것들이 꽤 됩니다. 마네의 작품도 그렇고, 피카소의 작품도 그랬어요. 왜일까요? 예술가는 눈으로만 보는 게 아니라 온몸으로, 온 마음으로 보고 느끼기 때문에, 보통 사람들하고는 다른 걸 보게 되는 거죠. 그는 자신을 사로잡는 아주 낯선 기운을 느끼고, 이 낯선 느낌들을 표현하려고 애씁니다. 그래서 뛰어난 예술가들의 작품은 독창적 특징을 나타내는 거죠.

의사가 환자의 사소한 찡그림이나 냄새를 아주 민감하게 포착해서 병을 진단하듯이, 예술가는 남들이 지나쳐 버리는 사물의 어떤 표정을 놓치지 않고 포착해서 표현합니다. 편작의 만형이 병이 드러나기도 전에 미세한 기운을 느끼듯이, 좋은 예술가는 보이지 않는 것을 보고, 들리지 않는 것을 듣습니다. 그들의 몸과 마음은 아주 민감한 센서인 셈이죠.

보살은 들리지 않는 중생의 소리들을 보고, 명의는 병이 드러나기도 전에 병적인 기운을 포착하고, 예술가는 정지된 사물에서 막 생성되고 있는 어떤 힘을 느낍니다. 이것이 바로 '통(通)'이죠. 어떤 것과 통하면 그것이 내는 마음의 소리를 듣게 되고, 마음의 풍경을 보게 되지요. 뿐만 아니라, 남들은 알아채지 못하는 미세한 징후들을 포착할 수도 있습니다. 안색이나 눈빛, 목소리, 손동작, 찡그림 등 어느 하나도 그냥 놓치지 않게 되는 겁니다.

치유는 타인을 느끼는 데서 시작합니다. 누군가의 아픔을 고쳐 주는 사람이 의사라면, 의사야말로 가장 잘 느끼는 자, 느낌의 달인이어야 하는 거죠. 아니, 타인과 함께 느끼는 자들이야말로 진정한 의사가 아닐까요? 내 곁에서 나의 기쁨과 슬픔을 함께하는 친구들, 가족들, 영화, 책, 노래야말로 세상에 둘도 없는 '명의'들이 아닐까요?

변신의 달인: 경계에 서 보기

우리는 어떤 사건이나 사람을 이것 아니면 저것이라는 이분법의 잣대로 판단하는 경우가 많습니다. 선 아니면 악, 큰 것 아니면 작은 것, 옳은 것 아니면 그른 것 등으로 말이죠. 하지만 실제로 그렇게 무 자르듯 뚝딱 판단할 수 있는 건 별로 없습니다. 더군다나 느낌은 늘 모호한 형태로 찾아오는 경우가 대부분이죠. 우리는 이것도 저것도 아닌 모호한 형태를 볼 때 눈을 비비고 다시 보게 됩니다.

마그리트의 저 그림(73쪽)을 보세요. 얼핏 보면 지극히 평범한 그림인데, 자세히 보면 굉장히 낯설고 이상합니다. 어디가 이상한가요? 그렇습니다. 아래를 보면 분명 저녁인데, 위를 보니 대낮이죠? 너무나 자연스럽게 낮과 밤이 공존하고 있군요. 이럴 수가!

이번엔 74쪽의 그림을 보세요. 자세히 보면 나무와 바위들이 있는 언덕에서 양 떼가 풀을 뜯고 있는 전원 풍경입니다. 그런데 이 그림을 보는 순간, 그림이 우리를 쳐다보고 있다는 걸 바로 알게 되죠. 왼쪽으로 고개를 기울이면, 한 여인의 얼굴이 눈에 들어옵니다. 머리를 묶고, 하얀 목걸이를 두른 여인이 우리를 보고 있네요. 이렇게 사람의 형상을 한 풍경화를 '인형 풍경(anthropomorphic landscape, 人形風景)'이라고 부릅니다.

화가들은 가끔 이런 수수께끼를 내서 우리가 보는 방식을 살짝 비

르네 마그리트, 「빛의 제국」
캔버스에 유채, 146×113.7cm, 1954년, 벨기에 브뤼셀 왕립 미술관

「인형 풍경-여인의 머리」, 16세기 후반

웃습니다. 대부분의 사람은 아는 대로만 보려 하는 습성이 있거든
요. 이렇게 저렇게 시선을 바꿔 보거나 마음을 달리해서 보면 전혀
다른 식으로 볼 수 있는데도, 오직 한 방향만을 고집하는 거죠. 하지
만 우리 고집을 꺾고 나면 세상은 모호한 것투성이랍니다. 행복이라
고 생각했던 게 불행이 되기도 하고, 틀리다고 생각했던 게 맞기도
하고, 오르막길이라고 생각했는데 내려가고 있는 경우도 있죠. 동물
에게서 가장 인간적인 모습을 발견하는가 하면, 인간이 너무나 동물

적이라고 느껴질 때도 있어요.

저 인형 풍경화를 그린 화가는 아마, 인간은 풍경을 바라본다고 생각하지만 실은 풍경이 인간을 보고 있다고 느꼈던 모양입니다. 보는 것과 보이는 것의 입장을 완전히 뒤바꿔 놓고 보았던 거죠. 이쯤 되면 이것과 저것이라는 구분은 의미가 없어지고 맙니다.

느낌의 달인들에게는 공통된 특징이 있습니다. 두 세계의 경계에서 생각한다는 것이죠. 선명한 가치 판단으로 세상을 나눌 수 있다고 생각하는 사람들은 뭔가를 느끼기가 어렵습니다. 느낌은 자신이 알고 있던 기존의 세계가 흔들리고, 분명하다고 생각했던 것들이 의심스러워질 때 생겨나는 법이거든요. 그 순간 두 세계의 구분이 흐려지면서 세계가 변모합니다.

예술은 바로 이런 느낌과 연관되어 있습니다. 경계 위에서 이것과 저것이 동시에 느껴질 때, 이 세계와 저 세계 사이에서 무언가가 끊임없이 이동하면서 하나의 판단을 방해할 때, 그때 우리는 세계를 다른 방식으로 경험하게 됩니다. 예컨대, '차가운 뜨거움'이라든지 '슬픈 기쁨'이라든지 '텅 빈 충만함' 같은 모순된 느낌들을 통해 우리는 세계가 움직이고 있다는 걸 깨닫습니다. 예술은 결국 다르게 느끼는 것이고, 다르게 느끼는 연습을 통해 예술가는 자신의 독창적 세계를 형성합니다.

운동선수는 필드에 들어선 순간 세상을 다르게 느낄 준비를 합니다. 펠프스는 입수하는 순간 물고기로 변신하고, 우사인 볼트는 트랙에 들어선 순간 치타의 신체로 돌변하죠. 예술가도 마찬가지입니다. 꽃을 보면 나비의 신체로, 바다를 보면 파도의 신체로 변신을 시도합니다. 그래야 우리가 알고 있던 꽃과 바다가 아니라, 눈에 보이지도 않고 우리의 상식으로도 설명할 수 없는, 유일무이한 꽃과 바다를 표현할 수 있을 테니까요. 다르게 느끼기 위해서는 먼저 우리 스스로를 전과 다르게 변신시킬 수 있어야 합니다.

변신은 이것 아니면 저것이 아니라 이것에서 저것으로 넘어가는 그 '경계'에 서 보는 겁니다. 화가 치밀어 오를 때, 비록 보이지는 않지만 우리 눈은 불처럼 이글거리죠. 기쁨에 겨울 때, 역시 보이지는 않지만 우리 몸은 풍선처럼 하늘로 두둥실 떠오를 듯합니다. 이런 게 바로 변신의 순간이지요.

다들 알다시피 헐크는 화가 치밀어 오를 때마다 몸이 부풀어 오르면서 옷이 찢기고 짐승처럼 울부짖습니다. 화가 난 순간을 생각해 보면, 정말 공감이 되지요. 우리도 그렇게 헐크처럼 변신해서 다 부수고 싶어질 때가 있죠. 하지만 헐크가 되어 분노를 폭발한 후에 다시 정상의 몸으로 돌아온 헐크는 그다지 행복해 보이지 않습니다. 왜일까요? 이 변신은 기쁨에 의한 게 아니라 파괴와 죽음의 힘에 의한 변신이기 때문입니다. 스스로의 노력에 의한 변신이 아니라 외부의 자극에 의한 수동적 변신이기 때문입니다.

'피가 끓는 분노감'을 느끼면 괴물로 변하는 헐크   원숭이 피터를 주인공으로 한 연극의 한 장면

　　이런 변신은 우리의 능력을 확장시키는 게 아니라 우리 자신에 대
한 환멸과 증오를 낳습니다. 자신의 감정을 다스리지 못한 무능력이
낳은 변신이기 때문이죠. 이처럼 파괴를 위한 변신, 우리의 능력을
더 크게 만들지 못하는 변신은 변신하는 자신을 포함해 모두를 슬프
게 합니다.

　　그런데 여기, 헐크의 변신과는 전혀 다른 변신이 있습니다. 바로
원숭이 피터의 변신입니다. 카프카의 소설 「학술원에 드리는 보고」
에 나오는 원숭이 피터는 인간에게 잡혀 상자에 갇힌 신세가 되었습
니다. 사람들이 가끔 열린 구멍 사이로 먹을 것을 던져 주기도 하고,

짓궂게 오줌을 싸기도 합니다. 이 순간 헐크라면 옷을 찢으며 상자를 부수고 나와 사람들을 다 때려눕히겠지만, 피터는 전혀 다른 생각을 합니다. '이 상자 안에서 계속 살 수는 없다. 어떻게든 상자 밖으로 나아가야 한다. 하지만 어떻게?' 궁리하던 피터는 결심합니다. '그래, 나를 벗어나 보자!' 이렇게 생각한 원숭이 피터는 인간들을 배우기 시작합니다. 인간의 말을, 인간의 행동을 배운 피터는 자기 힘으로 먹을 것을 얻고, 자기의 실력으로 인간에게 웃음을 선사하는 존재가 되죠. 그러고는 이렇게 말합니다. 자기가 있는 자리를 떠나고 싶으면 변신하라고, 변신하고 싶으면 배우라고 말입니다.

제가 함부르크에서 첫 번째 조련사에게 넘겨졌을 때, 저는 곧 제게 열려 있는 두 가지 가능성을 알아차렸습니다. 동물원 아니면 버라이어티 쇼 극장이었습니다. 저는 주저하지 않았습니다. 스스로에게 이렇게 말했습니다. '버라이어티 쇼 극장에 가도록 있는 힘을 다하자. 그것이 출구다. 동물원은 새로운 우리일 뿐, 그 안에 들어가게 되면, 너는 끝장이다'라고 말입니다. 그리고 저는 배웠습니다. 여러분, 반드시 배워야 한다면, 배우게 됩니다. 출구를 원한다면, 배우는 법입니다. 앞뒤 가리지 않고 배우게 됩니다.

－카프카, 「학술원에 드리는 보고」에서

세상에! 이렇게 멋진 원숭이를 본 적이 있나요? 우린 그저 떼를 쓰면 다 되는 줄 압니다. 자유를 달라고 떼쓰고, 더 좋은 걸 달라고 떼쓰고, 그러다 원하는 걸 얻지 못하면 곧바로 헐크가 됩니다. 하지만 피터는 떼쓰는 대신 스스로가 변신하는 길을 택합니다. 열심히 배워서 예전의 자신을 떠납니다. 아주 가뿐하게, 바보같이 떼만 쓰던 자신의 모습을 떠나는 거죠. 그랬더니 막힌 줄만 알았던 사방에 사실은 밖으로 나가는 문이 있더라는 겁니다. 바로 이게 원숭이 피터가 우리에게 슬쩍 귀띔해 준 '변신의 팁'입니다. 원숭이 피터야말로 제가 아는 한 가장 멋진 변신의 달인입니다. 변신의 출발은 다르게 느끼는 겁니다. 자신을 다르게 느끼고, 세상을 다르게 느끼고자 의지하는 겁니다.

여러분은 헐크가 되겠어요, 피터가 되겠어요? 아니면, 그냥 여러분인 채로, 건드리면 죽는다는 눈빛만 쏘면서 그 자리에 머무르겠어요?

전달의 달인: 사이의 존재들

랭스 대성당은 중세에 고딕 양식으로 지어진 대표적 성당입니다. 이 성당의 한쪽 벽에는 유명한 천사가 조각되어 있는데, 이름 하여 '미소 천사'랍니다. 정말 사랑스럽죠? 그런데 대체 '천사'는 어떤 존재들일까요? 인간은 왜 신도 아니고 인간도 아닌 '천사'라는 존재를 상상했을까요? 어떤 힘의 존재를 천사로 표현한 것일까요?

천사에게는 날개가 있습니다. 날개 없는 천사? 그런 건 상상도 하기 싫죠. 날개는 천사가 천사일 수 있는 결정적 이유입니다. 날개 덕분에 천상과 지상을 자유자재로 넘나들 수 있기 때문입니다. 천사는 하늘의 사신(使臣), 즉 천상과 지상을 오가며 천상의 메시지를 전해 주는, 인류 최초의 '메신저'인 셈입니다. 성모 마리아에게 수태 사실을 알려 준 자도 천사고, 성인들에게 하늘의 말씀을 전하는 것도 천사죠. 천사는 인간도 아니고 신도 아닌 채 그 사이를 떠돕니다.

우리나라의 굿판을 보면 귀신을 불러들이고, 귀신과 대화하고, 때로는 귀신의 목소리를 사람들에게 전하는 무당이 있습니다. 무당은 영매, 그러니까 인간이 아닌 어떤 존재를 인간과 연결해 주는 동양판 '천사'라고 할 수 있죠. 물론 느낌은 상당히 다르지만, 모든 문명권에는 이 같은 '사이의 존재'들이 있습니다. 인간은 이들을 통해 자신의 뜻을 하늘에 전달하고, 하늘은 이들을 통해 인간들에게 자신의 뜻을 알립니다. 천상과 지상은 천사를 통해 소통하는 셈이지요.

인간이 느낄 수 있는 영역은 무한합니다. 시끄럽고 번잡한 도시에 살면서 기계문명에 의존하다 보니 그 능력을 많이 상실하긴 했지만, 인간은 보이는 것뿐 아니라 보이지 않는 신비한 힘도 감지할 수 있는 능력이 있습니다. 그건 인간이 이 우주의 기운을 받아 태어났기 때문

랭스 대성당의 미소 짓는 천사
천사는 천상과 지상을 이어 주는 '메신저'의 역할을 한다.

이죠. 우리는 모든 걸 분명하게 설명하고 싶어 하고, 인간의 앎으로 모든 걸 설명할 수 있다고 믿지만, 사실 설명할 수 없다고 존재하지 않는 게 아닐뿐더러, 설명할 수 없는 것이 언젠가는 반드시 설명되는 것도 아닙니다. 오히려 이 세계에는 인간이 이해하지 못하고 설명할 수 없는 영역이 대부분이죠. 인간이 아는 건 정말 보잘것없는 수준에 불과하다는 사실을 우리는 종종 잊습니다.

서양인들은 아마도 자신이 느끼는 초자연적인 힘을 '천사'에 비유했을 겁니다. 유한한 육체를 갖고 지상에 내려와 살지만, 지상이 거대한 우주와 연결되어 있다고 생각했던 거죠. 천사는 지상과 천상을 이어 주는 존재, 설명할 수는 없지만 느낄 수는 있는 초자연적 힘을 형상화한 존재라고 할 수 있습니다.

메일은 지구의 반대편에서 내가 있는 이곳까지 단숨에 날아옵니다. 천사는 어쩌면 최초의 '메일'이 아니었을까요. 인간의 고향인 천지자연이 인간에게 보내는 메일. 그래서 우리는 저 지구 반대편에서 벌어지는, 나와는 무관해 보이는 일들에 반응하고, 때로는 남극의 펭귄들과도, 아마존의 풀벌레들과도 교신할 수 있는 게 아닐까요? 어쩌면 우리는 우리 옆에 우리만의 천사들을 대동하고 다니는 게 아닐까요? 내가 낯선 힘을 느끼고, 문득 무언가에 감전된 듯 꽂히는 것도, 그 날개 달린 천사 때문이 아닐까요?

전령의 신 헤르메스의 조각상
모자를 쓰고 여행자 망토를 두른 채, 뱀이 휘감고 올라가는
지팡이를 들고 있다. (바티칸 미술관)

헤르메스라는 신이 있습니다. 제우스의 말썽꾸러기 아들이지요. 태어난 지 얼마 되지 않은 어느 날, 헤르메스는 요람에서 빠져나와 아폴론 신의 소를 훔칩니다. 더 놀라운 건, 나중에 뒤를 밟히지 않도록 소의 꼬리를 끌고 뒷걸음질을 치게 해서 소를 훔쳐 냈다는 거죠. 좋게 말해 지혜롭다고도 할 수 있습니다만, 사실인즉 타고난 사기꾼인 거죠. 게다가 거북 등딱지와 양의 창자를 이용해 만든 하프를 연주해서 아폴론의 혼을 쏙 빼놨다고 하니, 말 다했죠. 헤르메스의 버릇을 단단히 고치겠다고 벼르던 제우스에게 헤르메스는 또 한 번 기지를 발휘해 신과 인간 사이의 메신저 노릇을 자처합니다. 그리고 날개가 달린 큰 모자와 신발, 지팡이를 얻게 되었지요.

헤르메스라는 낱말의 어원인 헤르마(Herma)는 '경계석, 경계점'을 뜻하고, 헤르메스라는 이름에는 '건너가다'라는 의미가 들어 있습니다. 그래서 헤르메스는 신들의 뜻을 전하는 메신저일 뿐만 아니라, 재화와 상품의 교환, 운송, 횡단 등의 활동을 돕는 신이기도 하죠. 하지만 장난꾸러기 헤르메스가 곧이곧대로 전달할 리가 있나요. 신의 말을 늘 과대 포장하거나 생략하거나 해서 왜곡하기 일쑤였죠. 이 '거짓말' 때문에 헤르메스는 장사꾼들의 신이 될 수 있었고, 한편으로는 '해석'을 의미하는 신이 되었습니다.

어떤 말도 상대방에게 초기 상태 '그대로' 전달되는 건 불가능합니다. 말은 늘 '해석'을 거치게 되죠. 그래서 상대방이 한 말에 상처를 입기도 하고, 상대방의 고백에 들뜨기도 합니다. 이쪽과 저쪽을 오가며 헤르메스가 장난을 치고 있는 거죠. 그러니 내 말을 누가 오해해도 너무 화내지 마시길. 그건 다 헤르메스 때문이니까요! 헤르메스의 장난 때문에 말이 왜곡되기도 하지만, 또 그 때문에 말이 다양한 표정을 띠게 되기도 하거든요.

천사나 헤르메스는 모두 양쪽 세계를 오가는 존재들입니다. 이 세계와 저 세계를 오가면서 두 세계를 이어 주는 존재, 그게 바로 천사와 헤르메스죠. 예술가 또한 그런 존재라고 할 수 있습니다. 두 세계의 경계에서 두 세계를 동시에 느끼고, 이 세계의 힘을 다른 세계로 실어 나르는 존재, 그래서 우리에게 다른 세계를 선물해 주는 존재가 바로 예술가입니다. 작가 프루스트가 그랬습니다. 예술이 아니라면 우리는 다른 별을 상상할 수 없었을 거라고요. 예술은 우리가 상식적으로 알고 있는 세계를 벗어나 한 번도 그려 보지 않은 세계를 그려 보이고, 한 번도 들을 수 없었던 소리를 들려줍니다.

비움의 달인: 코요테와 함께 춤을!

조선 시대 문인 중에 이옥이라는 사람이 있습니다. '이상한 글'을 쓴다고 찍혀서 과거 시험 응시를 금지당한 후, 죽을 때까지 벼슬도 못하고 글만 썼던 불운한 작가지요. 그의 글 중에 「이언」이라는 글을, 한번 읽어 볼까요?

> 어떤 사람이 물었다.
> "그대의 이언은 무엇하려고 지었는가. 그대는 어째서 국풍이나 악부 또는 사곡으로 짓지 아니하고 하필 이 이언을 지었는가?"
> 내가 대답하였다.
> "이것은 내가 한 것이 아니라 주재자가 있어 시킨 것이다. 내 어찌 국풍, 악부, 사곡을 하고, 나의 이언을 하지 않는단 말인가? 국풍이 국풍이 되고, 악부가 악부가 되며, 사곡이 국풍이나 악부가 되지 않고 사곡이 된 것을 살펴보면, 내가 이언을 하게 됨을 또한 알 수 있을 것이다."

그가 다시 물었다.

"그렇다면 저 국풍, 악부, 사곡과 그대의 이언이라고 하는 것은 모두 짓는 자가 지은 것이 아니란 말인가?"

"짓는 자가 어찌 감히 짓겠는가. 짓는 자로 하여금 짓게 하는 자가 지은 것이 되기 때문이다. 이를 짓게 하는 자가 누구인가? 천지만물이 바로 그것이다. 천지만물은 천지만물의 성(性)이 있고, 천지만물의 상(象)이 있고, 천지만물의 색(色)이 있고, 천지만물의 성(聲)이 있다. 총괄하여 살펴보면 천지만물은 하나의 천지만물이고, 나누어 말하면 천지만물은 각각의 천지만물이다. (…) 한 부의 온전한 시가 자연 가운데 원고로 나와 있는데, 이는 팔괘를 그어 서계(書契)를 만들기 전에 이미 갖추어진 것이다. 이것이 국풍, 악부, 사곡을 지은 사람이 감히 스스로 한 일이라고 말하지 못하고, 또한 감히 서로 도습하여 사용하지 못하는 까닭이다. 곧 천지만물이 그것을 짓는 자의 꿈에 의탁하여 그 상(相)을 드러내고, 기(箕, 문장을 관장하는 28수 중 하나)에 나아가 정을 통하는 데에 지나지 않는다.

그러므로 그 사람에 가탁하여 장차 시가 될 적에, 물 흐르듯이 귀와 눈을 따라 들어가 단전 위에서 머물다가 줄줄 잇달아 입과 손끝으로 따라 나오는 것으로, 그 사람의 주관에 의한 것이 아니다. 이를테면 석가모니가 우연히 공작의 입을 통해서 배 속에 들어갔다가 잠시 뒤에 공작의 꽁무니로 다시 나온 것과 같다. 나는 모르겠거니와, 석가모니가 석가모니인가. 아니면 공작의 석가모니인가. 그러므로 작자라는 것은 천지만물의 한 상서(象胥－역관)이며 또한 천지만물의 한 용면(龍眠－화가)이라 할 수 있다."

－ 이옥, 「이언(俚諺)」 중 '일난(一難)'에서

쉽게 말하면 이런 겁니다. 누군가가 "당신은 왜 교과서에서 배운 대로 글을 짓지 않고 이상한 글을 짓는 건가?"라고 묻자, "그건 내 뜻이 아니다. 그저 무언가가 내 몸을 관통해서 내 입과 손으로 나와 이런 글이 된 것이다"라고 답했다는 거죠. 작가는 그저 천지만물과 이 세상 사람들을 이어 주는 매개체, 이 세계의 말을 저 세계의 말로 바꿔 전달해 주는 번역자에 불과하다는 겁니다.

글을 짓고, 그림을 그리고, 음악을 만드는 일이 다 마찬가지일 겁니다. 작가는 '사이'를 오가며 느끼면 됩니다. 그게 어느 순간 시가 되고 그림이 되고 노래가 되어 줄줄줄 내 입으로, 내 손으로 흘러나오는 거죠.

단, 그러기 위해선 자신을 고집하면 안 됩니다. 자신을 늘 비워 두어야 해요. 배가 잔뜩 부른 상태에서는 뭘 먹어도 그 음식이 충분히 느껴질 리가 없잖아요? 다른 음식을 받아들이려면 이미 먹은 걸 완전히 소화해야 하죠. 그래야 음식물이 쓸데없는 지방으로 쌓이지 않고 몸에 필요한 에너지로 바뀌듯이, 우리도 무언가를 받아들이려면 먼저 자신을 비워야 합니다. 이옥은 그런 의미에서, 작가란 짓는 자가 아니라 번역하고 매개하는 자라고 생각했습니다. 꽉 막힌 곳은 바람이 지나갈 수 없습니다. 바람이 지나가게 하려면 구멍을 만들어야 하는 거죠.

요셉 보이스라는 독일 작가가 있습니다. 그는 제2차 세계대전 중에 소련군의 폭격을 맞고 러시아의 크림 반도에 추락하여 죽을 뻔한 경험을 했습니다. 이때 그 지역 원주민이었던 타타르인들이 그를 발견하고는 부상당한 그의 온몸에 버터를 바르고 펠트지 담요로 몸을 싼 채 마을로 데려가 치료해 주었답니다.

이 경험 이후 그는 서양인으로서 자신이 가졌던 여러 가지 편견과 예술에 대해 새롭게 생각하게 되었고, 원주민들의 무속 신앙이라든지 풍속에도 많은 관심을 갖게 되었죠. 그의 작품에 펠트지, 왁스, 썰매, 약봉지, 동물 등이 자주 등장하는 것도 그 경험 때문입니다. 그는 생각했죠. 예술과 삶이 분리된 걸까? 어쩌면 내가 죽을 뻔했다가 살아난 이 기적, 생면부지의 나를 발견하고 치료해 준 타타르인들의 마음이야말로 진정한 예술이 아닐까? 그는 이전의 자신을 비우기 시작합니다. 그리고 새로운 예술의 세계로 나아가죠. 그가 선보인 퍼포먼스 중에 코요테와 함께 철창 안에서 생활하는 유명한 퍼포먼스(89쪽 사진)가 있습니다.

트릭스터 역시 신과 인간 사이를 왕복하는 사자(使者)입니다. 하

요셉 보이스, 「나는 미국을 좋아하고 미국도 나를 좋아한다」, 1974년

지만 날개 달린 천사가 아니라 동물로 표현되지요. 아프리카의 들토끼나 북아메리카의 코요테가 그런 트릭스터인데요, 천사와 달리 트릭스터는 일상적인 도덕에서 벗어난 존재로 정의됩니다.

요셉 보이스의 퍼포먼스는 북아메리카의 상징인 코요테와 함께 일주일을 보냄으로써 자신이 경험하지 못한 세계를 받아들이려는 노력을 보여 주었습니다. 물론 사진에서 보다시피, 보이스는 코요테에게 물릴까 봐 두려워서 펠트 천으로 온몸을 칭칭 감고 있습니다. 새로운 세계를 받아들이는 건 이처럼 두려움을 동반하기도 하지요. 하지만 보이스는 용기를 내서 그 두려움을 받아들였습니다. 코요테라는 트릭스터와 함께 생활함으로써 그 자신이 서구 문명과 비서구 문명의 트릭스터가 되고자 했던 모양입니다.

요셉 보이스는 비행기 추락 덕분에 중요한 걸 경험한 셈입니다. 우리는 생각지도 못했던 낯선 타인의 힘으로 살아가기도 하고, 생명이 없다고 생각했던 사물의 힘으로 생명을 유지합니다. 나와 무관해 보이는 지구상의 많은 존재들이 나와 하나였다는 사실을 깨닫게 되지요. 이 세상에는 순수한 선도, 순수한 악도 없습니다. 악이라고 생각했던 게 나에게 선으로 작용하기도 하고, 선이라고 생각했던 게 어느 순간 악이 되기도 하죠. 시련이나 병이 우리를 겸허하게 만드는 선물이 되는 것처럼 말이에요.

요셉 보이스도 그런 사고를 겪지 않았다면 치즈를 그저 음식으로

밖엔 여기지 않았을 테고, 펠트지는 단지 천의 하나에 불과했을 테죠. 코요테? 그런 거엔 관심도 없었겠지요. 하지만 요셉 보이스의 경험이 그 모두를 다른 시선으로 바라보게 해 준 셈입니다.

이처럼 어떤 경험은 우리 자신을 완전히 다른 곳으로 나아가게 합니다. 우리는 그 경험을 온전히 내 것으로 만들기 위해 우리 자신을 비워 두면 되는 것이죠. 자신의 습관, 자신의 의견, 자신의 시선이 절대적이라고 생각하지 않으면, 하나의 경험은 언제나 우리에게 새로운 깨달음을 줍니다. 잘 느끼는 자들은 비움의 달인입니다.

우정의 달인: 홀로 느낌과 함께 느낌

여기 두 빨간색이 있습니다. 명도도, 채도도 똑같은 빨강이에요. 그런데 하나는 녹색 옆에 있고, 다른 하나는 노란색 옆에 있습니다. 자, 두 개의 빨강을 차례로 응시해 보세요. 어떤가요? 아직도 저 두 개의 빨강이 똑같은 빨강으로 보이나요?

똑같은 빨강이라도 어떤 색과 함께 놓이느냐에 따라 전혀 다른 느낌을 줍니다. 녹색 옆에 있는 빨강이 훨씬 생생하고 예뻐 보이죠? 이걸 미술에서는 '보색 대비'라고 합니다. 색상환에서 반대편에 있는 색들이 함께 놓이면 서로를 더 돋보이게 한다는 거죠.

우리가 사는 세상을 저 멀리에서 본다면, 아마 이 세상은 차이 나는 것들로 반짝거리는 별천지처럼 보일지도 모르겠어요. 별도 저 혼자서는 빛을 낼 수 없다고 하죠. 세상 모든 것이 다 그렇습니다. 혼자서는 아무것도 아니죠. 하지만 함께 있으면 능력도 더 커지고, 별것 아닌 것이 더 돋보이기도 합니다. 하나 더하기 하나는 그냥 둘이 아니라 무한대인 것이죠.

느낀다는 건 언제나 '둘'에서 시작합니다. 이것과 저것이 만나 폭발적 에너지를 만들어 내죠. 느끼는 건 나만의 문제가 아니라 내가 다른 무엇을 만나 둘을 이루고, 열을 이루고, 무한을 이루는 문제입니다.

요리를 예로 들어 볼까요? 엄마들이 '끝내주는 국물 맛'을 내려고 할 때, 물에 함께 넣는 게 뭔지 아세요? 멸치와 다시마죠. 다시마만 넣고 끓일 수도 있고, 멸치만 넣고 끓일 수도 있고, 또 다시마 멸치에 양파, 마늘, 파까지 온갖 재료들을 넣어 국물을 낼 수도 있습니다. 여기에 적절한 간이 더해지고, 각종 재료가 들어가면 국물 맛이 끝내주는 엄마표 국이 되는 거죠. 해강이는 된장찌개를 먹을 때마다 할머니의 음식 솜씨에 감탄합니다. "할머니 된장찌개는 왜 이렇게 맛이 있는 거야?" 그러면 할머니는 대답하시죠. "그냥 끓이는 거야!"

하나의 재료가 다른 재료와 만나면 더 맛있어지기도 하고, 반대로 같은 재료라도 다른 재료를 만나면 맛이 변질되기도 합니다. 할머니는 그걸 경험으로 아시는 거죠. 그래서 '그냥' 끓이는데도 맛이 끝내주는 국을 척척 만들어 냅니다. 요리사의 비결은 바로 여기에 있습니다. 무엇을 서로 짝지어 줘야 하는지를 아는 것. 거기에 적절한 간을 더하면 모든 재료가 어우러져서 마치 음악처럼 최고의 화음을 만들어 냅니다. 아, 물론 해강이 할머니의 찌개에는 결정적인 한 가지가 더 있습니다. 바로 사랑이죠! 사랑이 들어간 음식은 그 어떤 일류 셰프의 요리도 따라올 수 없는 최고의 맛을 자랑합니다. 해강이도 언젠가는 이 사실을 알게 될까요?

마티스의 「삶의 기쁨」(94쪽 그림)에 사용된 색은 아주 단순합니다. 그런데도 대단히 풍요로운 느낌이 들지요? 제목이 아니더라도 삶의 기쁨이 마구마구 느껴지는 것 같지 않으세요? 그런데 이런 자연스러운 느낌을 만들어 내려면 화가는 엄청나게 많은 습작을 해야 합니다. 곡선 안을 어떤 색으로 채워야 할지, 저 곡선은 무슨 색으로 그려 넣어야 할지, 이 색 옆에는 어떤 색을 나란히 놓아야 할지 등등 화면 하나를 채우기 위해 화가는 머리를 싸매고 고민합니다. 그런

앙리 마티스, 「삶의 기쁨」
캔버스에 유채, 175×241cm, 1906년, 미국 펜실베이니아 메리온 반스 재단

과정이 있어야 비로소 '기쁨'의 느낌을 전달할 수 있는 것이죠. 만약 저 빨간 곡선 옆에 녹색 곡선이 놓이지 않았다면 그림의 전체 균형이 깨졌을 테죠? 화가가 저 곡선 사이를 다른 색으로 칠했더라면 전혀 다른 느낌의 그림이 되었겠죠?

하나만 빼도 와르르 무너지는 블록처럼, 저 그림에서 어느 하나만 변형해도 완전히 다른 그림이 되고 맙니다. 그림에서 보이는 선과 색들이 모두가 서로를 의지해서 자신을 표현하고 있기 때문이지요. 우리가 사는 세상도 마찬가지랍니다. 세상에 없어도 되는 건 없어요. 없어도 되는 건 존재하지도 않았겠죠. 끔찍한 바퀴벌레도, 모기도, 모두 존재할 이유가 있으니까 존재하는 거랍니다. 우리가 사는 세상은 한 폭의 그림입니다. 서로가 서로에게 의지해 살아가는, 하나가 달라지면 전체가 달라지고 마는 그런 그림 말예요.

세상에는 우정으로 이름난 커플들이 꽤 있습니다. 오성 하면 한음이 떠오르고, 관중 하면 포숙이 떠오르죠. 해강이도 늘 붙어 다니는 단짝 친구가 있어서, 아마 다른 친구들은 해강이 이름을 들으면 그 친구의 이름을 세트로 떠올릴 겁니다.

백아와 종자기는 둘째가라면 서러워할 '우정의 달인들'이었습니다. 백아는 거문고를 잘 타기로 소문난 아티스트였어요. 하지만 종자기 앞에서가 아니면 연주를 하려고 하지 않았죠. 종자기만이 자기 음악을 제대로 느낄 줄 아는 친구였기 때문이죠. 울적한 마음으로 거문고를 연주하면 대번에 종자기가 말합니다. "자네 거문고 소리가 울적하구먼." 마음 한가득 넘치는 기쁨을 담아 거문고를 타면 종자기가 또 이렇게 말합니다. "나도 기쁘네!" 그러니 어찌 다른 사람 앞에서 거문고를 연주하고 싶었겠습니까.

여기서 속마음을 알아주는 '절친'을 뜻하는 '지음(知音)'이라는 말이 생겨났죠. 그런 친구가 있다면 축복받은 사람입니다. 내가 '아' 하면 '어' 하고, '탁' 하면 '턱' 하는 친구. 그런 친구는 나의 분신, 나와 느낌을 공유하는 또 다른 나인 거죠.

그런데 백아의 거문고 소리를 찰떡같이 알아듣던 종자기가 그만 먼저 세상을 뜨고 맙니다. 백아의 심정이 어땠겠어요. 세상에서 유일하게 자신을 알아주는 친구가 세상을 떠났으니 이제 거문고를 탈 이유도 없어진 거죠. 예술은 나와 함께 느낄 수 있는 자에게 보내는 연애편지 같은 겁니다. 그런데 그 편지를 보낼 대상이 없어졌으니, 그건 곧 내 분신이 없어진 것과 마찬가지였죠. 백아는 먼저 떠난 친구를 생각하며 자신의 거문고를 부수고 맙니다.

우리는 누군가와 함께 느끼기 위해 무언가를 합니다. 화가는 자신이 본 것을 나누기 위해 그림을 그리고, 음악가는 자신이 들은 것을 다른 이들과 함께 느끼기 위해 악보를 그립니다. 또 작가는 자신이 경험한 것을 사람들과 나누기 위해 긴 이야기를 늘어놓죠. 자신의 느낌을 아무와도 나누지 않으면 그 느낌은 이내 사라지고 말지만,

사람들과 나누면 그들을 통해 느낌이 배가되고 전달되면서 거대한 세계를 형성하게 됩니다. 그러니 좋은 것일수록 혼자 느끼지 말고 나누세요. 느낌은 붙잡을 수도 없고, 축적할 수도 없고, 소유할 수도 없고, 오로지 나누고 전할 수 있을 뿐입니다. 혼자보다는 둘이, 둘보다는 셋이, 셋보다는 여럿이 느낄 때, 느낌의 전염력은 커진답니다.

흔히 예술가란 고독한 존재라고 생각합니다. 그럴지도 모르겠어요. 다른 사람들보다 먼저 느끼고, 가장 민감하게 느끼는 사람이니까요. 그래서 당장은 그를 알아주는 사람이 많지 않을 수 있고, 그래서 잠시는 고독할 수도 있습니다. 하지만 그렇다고 해서 예술이 고독한 거라고 생각한다면 오해입니다. 예술가가 고독하다는 것도 진실이 아니고요.

앞에서 말한 요셉 보이스는 친구들과 함께 '플럭서스'라는 그룹을 조직했습니다. 우리가 잘 아는 작가 백남준도 바로 이 그룹의 멤버이자 요셉 보이스의 '절친'이었죠. '플럭서스'는 '흐름'이라는 뜻입니다. 고인 물은 어떤 것과도 만날 수 없기 때문에 결국 썩고 말지만, 흐르는 물은 흘러가다 다른 물줄기를 만나 시내를 이루고 강을 이루고 결국 바다에 이릅니다. 플럭서스는 이처럼 여러 갈래로 흐르는 물줄기들의 집합이었어요. 그중에는 화가도 있었고, 작가, 음악가도 있었습니다. 그들은 미리 계획하지 않은 채로 공연을 벌이기 일쑤였는데, 그럴 때마다 즉흥적인 방식으로 서로의 행동을 촉발하여 예기치 못한 웃음을 이끌어 냈지요. 마치 재즈 연주처럼 말이에요.

플럭서스 이전엔 다다(Dada)라는 집단이 있었습니다. 이들도 언제나 떼로 몰려다니면서 시끌벅적한 웃음을 떨어뜨리고 다녔죠. 시를 읊고, 노래를 하고, 연극을 하고, 종이를 오려 붙이는 등의 개별적 행위를 하면서도 이 전체가 멋들어진 연주처럼 어우러졌죠. 다다와 플럭서스가 말해 주는 건 하나예요. 예술가들은 고립된 존재가 아니고, 고립된 존재여서도 안 된다는 거죠. 예술가들은 자신의 세계를 나눌 수 있는 자, 자신과 함께 느낄 수 있는 벗의 무리를 찾아 헤매는 표범들입니다!

영화는 어떤 의미에서 집단 창작이죠. 감독 혼자서는 영화를 만들 수 없습니다. 카메라맨, 녹음 기사, 편집 기사 등등 감독의 디렉팅 하에 모든 사람들이 어우러져서 하나의 리듬을 만들어 내는 거죠. 그런 의미에서 영화 집단이야말로 '느낌의 공동체'라고 할 수 있을 거예요. 우리는 혼자 있을 때보다 함께 있을 때 더 잘 느낄 수 있습니다. 혼자 느끼더라도 그걸 나눌 수 있는 사람이 있어야 내 느낌이 힘을 갖는 언어가 됩니다.

느끼는 데는 여러 기술이 필요합니다. 하지만 그 기술이란 게 어려운 지식이나 특별한 재능을 필요로 하는 건 아니에요. 지금까지 본 것처럼, 비우고, 의심하고, 변신하고, 경계를 넘나들고, 전달하고, 벗을 사귀는 기술, 그런 게 느낌의 달인들이 가진 능력들이죠.

이 세상 모든 것에는 마음이 있다고 합니다. 우리가 친구에게 선물을 할 때, 거기에는 내 마음이 들어가 있죠. 선물뿐 아니라 돌고 도는 돈에도 주고받는 사람들의 마음이 담겨 있고, 나고 죽는 동물에게도, 풀 한 포기 돌멩이 하나에도 다 우주의 마음이 담겨 있습니다. 그래서 이 세상의 모든 것은 우리와 통하고 공감할 수 있는 것이죠.

더군다나 생명체는 무한한 시간 속에서 함께 진화해 왔기 때문에, 하나하나의 생명에는 다른 생명체의 흔적이 새겨져 있다고 합니다. 인간 안에는 원숭이의 흔적뿐 아니라 물고기의 흔적이나 아메바의 흔적도 함께 새겨졌을 테지요. 또 내 안에는 곰족의 흔적뿐 아니라 저 광활한 대륙을 내달렸을 유목민의 흔적과 차가운 땅에 살던 에스키모의 흔적이나 인디언의 흔적이 새겨져 있을지 모르고요. 내 안에는 그렇게 늘 나 아닌 것들이 함께 살고 있습니다. 그들이 없으면 나도 없는 셈이지요. 그래서 우리는 느낄 수 있는 거고, 느껴야 하는 겁니다.

해강이는 할머니가 편찮으시면 마음이 안 좋습니다. 엄마가 기분이 안 좋아도 마음이 안 좋습니다. 할머니, 엄마의 마음을 느끼기 때문이지요. 아무리 약해 보이는 사람도 한두 사람쯤에게는 마음을 열고 공감합니다. 하다못해 동물이나 사물하고라도 마음을 주고받습니다. 이건 누구라도 다른 사람으로 변신할 수 있다는 결정적 증거지요.

느낀다는 것이야말로 우리에게 주어진 축복이자 우리가 가진 위대한 능력이 아닐까요? 전 세상의 모든 해강이가 지식이 많고 돈이 많은 사람이 되기보다는 잘 느끼는 사람이 되었으면 좋겠습니다. 공감하고, 배우고, 변신하고, 쉴 새 없이 움직이며 친구를 만드는 천사가, 트릭스터가, 나우시카가 되었으면 좋겠습니다.

● 재료 속에 숨은 형태 발견하기

새를 조각하라는 미션이 주어졌다고 해 봅시다. 제일 먼저 뭘 하겠어요? 그렇죠. 새를 어떤 모습으로 표현할 건지 먼저 구상해야겠죠? 높이 비상하는 새를 표현하겠어! 아냐, 한가롭게 나뭇가지에 앉아 졸고 있는 새를 만들 거야! 뭐, 다 좋습니다. 구상이 끝났다면 그다음엔 뭘 하겠어요? 네, 맞습니다. 재료를 구해야죠. 여러분이 표현하고자 하는 새에 가장 적합한 재료가 뭘까요? 나무? 돌? 쇠? 석고? 흙?

여기, 브란쿠시의 '새'가 있습니다. 브란쿠시는 새의 부리도, 날개도, 두 다리도 표현하지 않았습니다. 그냥 매끈하고 반짝거리는 브론즈로, 마치 붓으로 한 획을 긋듯이, 단순한 하나의 선으로 새를 표현했습니다. 아! 허공을 쨍하고 가르며 비상하는 한 마리 새의 움직임이 떠오르지 않나요? 이걸 나무나 돌로 표현했다면 어땠을까요? 나무로는 힘이 안 느껴졌을 테고, 돌은 너무 무거운 느낌이었겠죠. 차가우면서도 가볍고 힘찬 새를 표현하기 위해 브란쿠시는 금속을 택했습니다.

콘스탄틴 브란쿠시, 「입맞춤」
조각, 36.5×25.5×24cm, 1923년
프랑스 파리 조르주 퐁피두 센터

이번엔 브란쿠시의 「입맞춤」을 볼까요? 아유~ 정말 사랑스럽기가 그지없습니다. 저 돌에 손을 대면 온기가 느껴질 것 같네요. 돌은 차갑기만 한 줄 알았는데 저렇게 따뜻한 느낌을 줄 수도 있군요. 이걸 금속으로 표현했다면 저런 느낌이 날 수 있었을까요?

같은 풍경이라도 유화냐 수채화냐에 따라 느낌이 다르고, 같은 노래라도 어떤 악기를 사용해서 편곡하느냐에 따라 전혀 다른 느낌이 들죠. 마치 달고 맵고 쓰고 신 음식을 먹을 때 즉각적으로 얼굴에 표정이 나타나듯이, 우리 몸은 어떤 물질과 만날 때 순식간에 반응을 합니다. 차갑다, 따뜻하다, 가볍다, 무겁다 등등을 느끼면서 몸을 움츠리기도 하고 펴기도 하죠.

예술가들은 어떤 물질을 만났을 때 발생하는 느낌을 번개처럼 낚아챕니다. 그래서 딱 보면 알죠. 나무 속에, 돌 속에, 흙 속에 어떤 형태가 숨어 있는지를요. 그들에게는 세상의 모든 물질이 예술의 재료가 됩니다. 예술가에 필요한 건 새로운 재료가 아니라 더 많이 느끼고 사랑할 줄 아는 능력이 아닐까요?

네가 느끼는 걸 펼쳐 봐

『장자』라는 책을 펼치면 맨 앞부분에 붕새와 참새 이야기가 나옵니다. 어떤 바다에 곤이라는 거대한 물고기가 살고 있었답니다. 그 물고기가 어느 날 바다에서 솟아 나와 '붕'이라는 새로 변합니다. 이 새는 얼마나 큰지 날갯짓을 한 번 할 때마다 수만 리를 난다고 하지요. 그런데 그렇게 큰 새가 여섯 달을 날아오르고서야 비로소 한 번 쉰다고 합니다. 날갯짓 한 번에 수만리를 나는 새가 여섯 달을 날아올랐으니 얼마나 높은 곳에 이르렀을지 상상이 되나요? 옛사람들의 상상력이란 정말 대단하지요.

그런데 저 아래 있는 참새가 그런 붕새를 보며 말합니다. "아니, 저 새는 왜 굳이 저렇게 높은 곳까지 나는 걸까? 그냥 내가 있는 정도 높이에서도 얼마든지 다 볼 수 있는데 말이야" 하면서요. 뭐, 참새 말도 틀린 건 아닙니다. 땅벌레 입장에서 보자면 참새처럼 높이 나는 새가 없을 테니까요. 높이 오르나 낮은 데 있으나 어차피 나는 건 다 똑같다고 생각하면 할 말은 없습니다. 하지만 참새가 절대로 모르는 게 하나 있습니다.

붕새는 원래 바다가 고향입니다. 그런데 물고기에서 새로, 자기가 살던 세계를 바꾼 거죠. 바꿨을 뿐 아니라 자신이 갈 수 있는 데까지 높이 오른 거예요. 그곳에서 붕새가 본 세상은 어땠을까요? "에이~ 높이 나는 새가 멀리 본다는, 그 갈매기 얘기 아네요?"라고 코웃음 칠지도 모르겠습니다. 하지만 전혀 다른 얘기랍니다. 붕새의 이야기에서 핵심은, 붕새가 자기 세계를 떠났다는 것, 기존의 세계로부터 떠나기 위해 먼저 자기 스스로 변신했다는 것, 그리고 자신이 오를 수 있는 데까지 최선을 다해 올랐다는 사실이에요.

여기에는 세 가지 단계가 있습니다. 물고기로 세상을 보았을 때, 붕새가 되어 세상을 보았을 때, 붕새가 높이 올라 저 위에서 세상을 보았을 때. 이 세상이 모두 같은 세상이었을까요? 자기를 변화시키고 자기 세계를 바꾸지 못하는 사람은 절대 짐작할 수 없는 풍경을 붕새는 보고 느꼈을 겁니다. 그냥 매일 똑같은 채로 살기를 원하는 참새가 붕새를 이해 못 하는 게 당연하죠.

붕새처럼 지금의 자리에서 자신을 바꾸려고 노력하지 않는 사람은 자기 세계를 떠날 수 없고, 자기 세계를 떠날 수 없으면 다른 관점을 가질 수가 없고, 다른 관점을 가질 수 없으면 다르게 느낄 수도 없습니다.

여러분은 붕새가 되시겠어요, 참새가 되시겠어요? 아마 참새가 더 편하긴 할 겁니다. 하지만 똑같은 높이에서 똑같은 세상만 보면서 단조롭게 살겠죠. 이와 달리 붕새는 기꺼이 모험을 감행했습니다. 붕새의 실험은 힘들고, 실패할 확률도 큽니다. 하지만 그런 위험을 무릅써야 다른 세계로 갈 수 있는 법이죠.

참새처럼 아무 노력도 하지 않으면서 붕새의 노력을 비웃거나, 처음부터 '난 아무것도 할 수 없어'라고 체념하는 사람에게는 아무 일도 일어나지 않습니다. 아니, 어떤 일이 일어나도 그걸 알아차리지 못합니다. 그러니 늘 따분하고, 지겹고, 화가 날 밖에요.

느끼려고 하지 않는 자에게 느낌의 순간은 절로 오지 않는답니다. 세상에 공짜는 없거든요. 친구를 사귀고 싶고, 성숙하고 싶고, 더 큰 우주를 품고 싶다면, 먼저 자기 자리에서 날아오르세요. 그러면 참새도 붕새가 될 수 있습니다.

붕새가 별건가요. 자기 자리를 박차고 일어나 전과 다른 세계를 보려고 하면, 그게 바로 붕새지요. 바다에서 하늘로 자신이 사는 자리를 바꾸고 자기 존재를 바꾼 붕새처럼, 여러분도 원래 있던 자리에서 일어나 자신을 바꾸려는 노력을 하면 전혀 다른 세상을 볼 수 있습니다. 그렇다면 지금 필요한 건 뭐? 용기!

이제 전 여러분에게 붕새가 될 수 있는 여러 팁을 알려 줄 생각입니다. 제가 발명한 건 아니고요, 많은 예술가들이 했던 실험들을 들려주려고 해요. 귀 기울여 들어 보고, 직접 실험해 보길!

온몸의 레이더를 작동하라!

팔대산인은 중국 명나라 말기의 화가입니다. 그는 최소한의 붓질만 사용해서 사물의 핵심을 포착해 내는 그림들을 그렸습니다. 그림 속 저 메기 좀 보세요. 몇 번의 붓질로 쓱쓱 그린 거 같은데, 마치 물고기가 살아서 헤엄치는 것 같지 않나요? 손으로 만지면 힘이 좋아서 대번에 빠져 나갈 것 같습니다. 물을 그리지 않았는데도 물살이 느껴지고, 특별히 비늘을 그리지 않았는데도 표면이 매끈하게 느껴집니다. 단 몇 획만으로 이렇게 생동감 있는 물고기를 그릴 수 있다는 게 믿어지나요?

이런 그림은 보긴 쉬워 보여도 정말 그리기 어렵답니다. 물고기가 헤엄칠 때의 모습, 물고기의 습성 등을 오랫동안 관찰해야 그 물고기만의 특성을 찾아내고, 그래야 저렇게 단번에 그릴 수 있거든요. 모창을 잘하는 가수나 성대모사를 잘하는 개그맨을 보세요. 그 사람들은 자신이 모방하려는 인물을 몇 번이고 반복해 보고 나서야 그 특징을 잡아냈을 겁니다. 사람들이 무심코 지나치는 그 인물만의 특징을 콕 집어내야, 보는 사람들이 "와~ 똑같다" 하고 감탄하게 되죠.

예술가들은 '매의 눈'을 가진 존재들입니다. 매는 먼 곳에서도 먹잇감을 정확히 포착해서 단번에 낚아채 가죠. 이것저것 집적대다가

팔대산인, 「물고기」(『잡화책』의 다섯 번째 작품), 17세기

실패하고 쫄쫄 굶는 건 매의 자존심이 허락하지 않을 거예요. 예술가도 마찬가지입니다. 예술가는 똑같이 모방하는 자가 아니라 자신이 표현하고자 하는 사물이나 세계의 핵심을 바로 파고드는 사람이지요. 팔대산인처럼 말이에요.

구구절절하게 표현하려 들면 오히려 많은 걸 놓칩니다. 예술은 일종의 '뺄셈'이에요. 원래 사물에서 계속 빼기를 하는 거죠. 언제까지? 오로지 그 사물에 속하는 특징만 남을 때까지! 무언가를 두루뭉술하게 대충 파악하면 '필'이 올 리 없습니다. 느낀다는 건 차이를 느끼는 겁니다. 메기가 새우나 잉어와 갖는 차이, 매가 참새나 오리와 갖는 차이, 해강이가 같은 반 다른 친구들과 갖는 차이를, 미세하지만 결정적인 차이를 포착했을 때 '필'이 딱 오는 거죠.

예술 작품도 마찬가지예요. 다른 사람의 작품을 그대로 모방한 작품이나, 사물을 사진처럼 모방하려고 한 작품은 느낌의 진동을 전달하기 어렵습니다. 느낌의 능력이란 익숙한 것으로부터 낯선 차이를 포착해 내는 능력이죠.

정선의 그림 「박연폭포」에서 떨어지는 물줄기를 좀 보세요. 뭐가 느껴지나요? 마치 폭포 아래 어딘가에 와 있는 듯, 쏴악쏴악 하며 떨어지는 폭포 소리가 들리는 것도 같고, 폭포가 일으키는 물바람이 살갗에 와 닿는 것처럼 시원합니다. 저 폭포를 그냥 똑같이 표현하려고만 했다면 그런 소리며 시원한 촉감이 느껴졌을까요?

정선, 「박연폭포」
종이에 먹,
119.4×51.9cm,
18세기
개인 소장

예술가는 누구보다도 민감하게 느낍니다. 민감하다는 건 차이를, 오로지 그것만의 '그것임'을 느끼는 거지요. 그 느낌을 표현함으로써 예술가는 사물을 또 다른 방식으로 창조합니다. 주변의 사물들을 가만히 응시해 보세요. 다 비슷비슷해 보여도 세상의 만물은 모두 저마다의 다름을 가지고 있습니다. 그 '다름'을 찾아보세요. 그리고 느껴 보세요. 그럼 여러분들은 그 사물과 통한 것입니다. 필 충만하게요!

소와 송아지를 몰고 오는 사람, 소 두 마리를 몰고 오는 사람, 닭을 안고 오는 사람, 문어를 들고 오는 사람, 멧돼지 네 다리를 묶어 짊어지고 오는 사람, 청어를 묶어 들고 오는 사람, 청어를 엮어 주렁주렁 드리운 채 오는 사람, 북어를 안고 오는 사람, 대구를 가지고 오는 사람, 북어를 안고 대구나 문어를 가지고 오는 사람, 잎담배를 끼고 오는 사람, 미역을 끌고 오는 사람, 섶과 땔나무를 매고 오는 사람, 누룩을 지거나 이고 오는 사람, 쌀자루를 짊어지고 오는 사람, 곶감을 안고 오는 사람, 종이 한 권을 끼고 오는 사람, 접은 종이 한 폭을 들고 오는 사람, 대광주리에 무를 담아 오는 사람, 짚신을 들고 오는 사람, 미투리를 가지고 오는 사람, 큰 노끈을 끌고 오는 사람, 목면포로 만든 휘장을 묶어서 오는 사람, 자기(磁器)를 안고 오는 사람, 동이와 시루를 짊어지고 오는 사람, 돗자리를 끼고 오는 사람, 나뭇가지에 돼지고기를 꿰어 오는 사람, 강정과 떡을 들고 먹고 있는 어린아이를 업고 오는 사람, 병 주둥이를 묶어 휴대하고 오는 사람, 짚으로 물건을 묶어 끌고 오는 사람, 버드나무 상자를 지고 오는 사람, 광주리를 이고 오는 사람, 바가지에 두부를 담아 오는 사람, 사발에 술과 국을 담아 조심스럽게 오는 사람, 머리에 인 채 등에 지고 오는 여자, (…) 넓은 소매에 자락이 긴 옷을 입은 사람, 소매가 좁고 짧으며 자락이 없는 옷을 입은 사람, 방갓에 상복을 입은 사람, 승포와 승립을 한 중, 패랭이를 쓴 사람 등이 보인다.

이옥의 「봉성문여」 중 '시기(市記)'라는 글입니다. 그는 유배 길에 잠시 머물렀던 봉성의 어느 여인숙에서 문틈으로 시장의 풍경을 봅니다. 그냥 '여러 사람들이 시장을 오갔다'라고 뭉뚱그려서 볼 수도 있었을 텐데, 그는 유배를 가는 험난한 상황에서도 사람들 하나하나를 관찰합니다.

어떤가요? 저 정도는 돼야, 아~ 레이더 좀 작동시켰구나, 싶죠? 이옥은 말합니다. 세상에 어떤 것도 같은 것은 없다고요. 느끼는 건 '차이'를 느끼는 겁니다. 세상 모든 것의 다름을 느끼고, 그 다름에 이름을 붙이고, 그 다름의 가치를 발견하는 자, 그게 바로 예술가들입니다. 자신만 보지 말고, 휴대폰만 들여다보지 말고, 고개를 들어 사방을 보세요. 세상은 각기 다른 것들로 반짝거리고 있답니다.

기다려라, 그 순간을 위해!

프랑스의 사진가 앙리 카르티에 브레송은 사진을 찍을 때 '바로 그 순간'을 포착하는 것이 중요하다고 생각했습니다. 옆의 사진을 보세요. 우리가 보기엔 우연히 철컥 찍힌 것 같지만, 바로 저 순간을 포착하기 위해 브레송은 기다리고, 기다리고, 또 기다렸던 거죠. 아니, 기다리고 기다렸기에 바로 저 순간을 포착한 것일지도 모르겠네요. 브레송이 셔터를 찰칵 하고 누르던 그 순간, 그 찰나의 시간이 필름에 새겨진 겁니다. 이전에도 없었고 앞으로도 오지 않을 '한순간'의 한 장면인 거죠.

요즘은 누구나 손에 카메라 하나씩을 들고 다니지요. 어느 때고 원하면 휴대폰을 들어 찰칵 찍을 수 있습니다. 심지어 동영상으로도 시간을 담을 수도 있고요. 하지만 디지털 카메라로 쉽게 찍은 이미지에서는 기다림의 흔적을 찾기 어렵습니다. 지우기 쉽기 때문에 마구 누르고, 그렇게 마구 누르다 보니 어쩌다 괜찮은 컷이 하나 얻어걸리는 경우가 대부분이지요.

물론, 디지털 카메라가 안 좋다는 얘기는 아니에요. 디지털 카메라로만 만들어 낼 수 있는 이미지와 느낌이 있으니까요. 문제는 우리가 기다리지 않는다는 거죠. 내가 찍고 싶은 그 순간, 세계가 나에게 말을 걸어오는 그 순간을 위해 기다리는 인내심이 우리에겐

앙리 카르티에 브레송, 「파리, 생자라드 역」, 1932년

없어요. 디지털 카메라의 편리함을 기다림의 인내와 맞바꾼 거죠.

'필이 꽂히는 순간', 나와 세상이 만나는 그 '결정적 순간'은 날이면 날마다 오는 게 아닙니다. 필름을 감아 넣고 '바로 그 순간'을 기다렸을 브레송처럼, 세상을 향해 눈을 크게 뜨고, 온몸의 세포들을 다 열어 놓고 열심히 기다리는 자에게만 무언가가 와서 꽂히는 거죠. 단 한순간의 체험이지만, 그 한순간의 체험이 우리를 예기치 못한 세계로 데려다 줍니다. 브레송의 저 '한순간'처럼 말이죠. 아마도 화가가 화폭에 담고 싶어 하는 건 '바로 그 한순간'일 겁니다. 절대로 잊히지 않을 내 인생의 한순간처럼, 화가도 세상과 사물이 말을 건네 온 '그 한순간'을 그리기 위해 평생을 기다리는 것이죠.

세잔이 그랬습니다. 그가 그린 생트 빅투아르 산의 풍경은 그의 재능이 아니라 기다림이 만들어 낸 결과물이었죠. 세잔은 매일 아침 일찍 산이 보이는 곳으로 갑니다. 산에 구름이 덮였다 걷히고, 비가 오고 눈이 오고, 푸르러졌다가 붉어졌다가 검어지는 그 모든 변화를 지켜보면서 기다립니다. 무엇을? 산이 마음을 열어 세잔에게 다가오는 순간을요!

세잔은 알았던 거죠. 산에도 마음이 있다는 사실을, 그래서 마음을 다해 기다리면 언젠가 통하리라는 사실을 말이에요. 아니나 다를까, 산은 세잔에게 지금까지 누구도 볼 수 없었던 모습을 선물해 줬고, 세잔은 그 순간 붓을 들어 그림을 그렸습니다. 물론, 다른 사람

폴 세잔,
「레 로브에서 바라본
생트 빅투아르 산」
캔버스에 유채,
73.8×81.5cm,
1904~1906년,
미국 캔자스시티
넬슨 앳킨스 미술관

폴 세잔,
「비베뮈에서 바라본
생트 빅투아르 산」
캔버스에 유채,
65×81cm,
1898~1900년,
미국 볼티모어 미술관

이 보기엔 어제도, 오늘도, 내일도 그냥 똑같은 산이었겠죠. 하지만 백아와 종자기처럼, 세잔에겐 산이, 산에겐 세잔이 서로의 '지음'이었던 겁니다.

우리는 종종 세상이 자신을 알아주지 않는다고 화를 냅니다. 정작 자신이 누군가를 알아주지 못한다는 사실은 잊은 채 말입니다. 또 세상은 다 그렇고 그런 거라고, 서둘러서 판단해 버립니다. 하지만 브레송이나 세잔처럼 자신의 눈과 마음을 열어 오랜 시간을 묵묵히 기다리는 자에겐 언젠가 세상이 마음을 열고 다가오게 되어 있지요. 아니, 사실 세상은 닫혀 있던 적이 없습니다. 우리가 충분히 마음을 열거나 기다리지 않았을 뿐이죠.

요즘은 모든 게 너무 빠릅니다. 그야말로 '속도광들의 시대'죠. 도대체가 느린 걸 못 견딥니다. 지긋하게 기다리는 건 바보들이나 하는 짓이라고 생각하고요. 할리우드 블록버스터 영화를 보세요. 어디 눈 깜빡일 시간이나 주나요? 잠깐 사이에 건물 수십 채가 무너지고, 수백 명이 죽습니다. 그 사이에 또 얼마나 많은 대사가 휙휙 지나가는지, 도무지 머리를 굴려 생각할 틈도, 느낄 틈도 없습니다. 그러다 보니 우리 감각은 웬만한 자극엔 꿈쩍도 안 합니다. 그럴수록 점점 더 자극적이고 더 빠른 걸 찾게 되지요. 이건 감각이 확장되고 느낌의 영역이 깊어지는 게 아니라 감각을 소모하고 둔하게 만들어 버리는 겁니다.

맛을 '음미'한다고 하죠? 음미한다는 건 음식물이 갖는 여러 맛을 천천히 느끼면서 받아들인다는 거죠. 그냥 마구 삼켜선 음미할 수가 없습니다. 빨리 먹어 치우는 음식은 양분으로 쓰이지 않고 배나 허리나 엉덩이에 군살로 쌓인다고 합니다. 마찬가지로 음미하지 못하는 감각들은 군살이 됩니다. 때문에 새로운 걸 보고 들어도 느낄 수 없게 되죠. 예술가의 감각에는 군살이 없습니다. 철학자의 머리에도 군살이 없고요. 덩치가 크든 작든 운동선수가 불필요하게 살이 찌면 운동을 잘할 수 없게 되는 것처럼, 예술가에게는 감각의 군살, 철학자에게는 생각의 군살이야말로 더 이상 예술과 철학을 할 수 없게 만드는 최대의 적이거든요.

하나의 방향으로, 하나의 속도로 내달리는 것보다 위험한 건 없습니다. 그런 사람들은 모든 차이를 하나로 만들면서, 새로운 느낌을 억누르거든요. 그러다 끝내 느낌의 독재자, 생각의 독재자가 되는 겁니다. "그런 건 변태야! 그런 건 불온해!" 하면서 말이에요.

브레송이 '결정적인 순간'을 찍을 수 있었던 건, 또 세잔이 자신만의 생트 빅투아르 산을 그릴 수 있었던 건, 세상을 가로지르는 다양한 방향과 속도를 느끼며 기다렸기 때문입니다. 때로는 느리게 때로는 빠르게, 때로는 낮게 때로는 높게, 때로는 달리며 때로는 멈춰 서서! 해강이가 좋아하는 박지성 선수도 그렇게 움직이지 않나요? 여우처럼 치고 빠지고 공을 돌리면서 자기 공간을 확보하다 보면 골

찬스는 오게 되어 있습니다. 여러분에게도 틀림없이 '그 순간'이 올 겁니다.

사랑하라, 후회 없이!

김홍도는 18세기의 유명한 화원입니다. 민중들의 생활을 담은 풍속화로 유명하지요. 씨름판이나 서당을 그린 그림은 워낙 유명하니까 잘 알 텐데, 아마 「벼타작」은 좀 생소할 겁니다. 자, 그럼 그림을 좀 찬찬히 뜯어볼까요?

농부들이 마당에서 타작을 하고 있습니다. 잘 익은 벼를 베서 탁탁 떨어내면 쌀알이 우수수 떨어져 나오는데, 이런 과정을 타작한다고 하죠. 볏단을 메고, 나르고, 자르느라 그림 속 농부들은 정신이 없습니다. 그중에서도 정면에 보이는 청년은 잔뜩 부어 있네요. 일이 많이 힘든가 봅니다.

그런데 이 그림 속에는 좀 다른 복장을 한 사람이 하나 있습니다. 네, 오른쪽 위에 갓 쓰고 도포 입은 저 사람이요. 다른 사람들은 지금 힘들게 일하고 있는데, 저 사람은 혼자 비스듬히 누워 담뱃대를 물고 있군요. 한마디로 짜증나는 캐릭터죠. 잔뜩 골이 나 있는 청년의 심정이 이해될 듯합니다. 누군 죽어라 일하는데, 누군 누워서 감시나 하고 술이나 먹고 있으니(옆에 술병도 보이시죠?) 골이 안 나겠어요?

김홍도의 풍속화 중 「벼타작」
39.7×26.7cm, 18세기, 국립중앙박물관

생각해 보세요. 타작 장면이니까 굳이 저 '비호감' 캐릭터는 안 그려도 됐을 겁니다. 그런데 김홍도는 그를 그려 넣었어요. 왜일까요? 그래야 그림에 긴장감도 생기고 웃음도 생기니까요. 저 인물이 없었다고 생각해 보세요. 그럼 그냥 단순한 타작 장면이었겠지만, 저 인물을 그려 넣음으로써 우리는 일하는 사람들의 마음을 더욱 잘 느낄 수 있는 거죠. 그 때문에 저 뾰로통한 청년에게 더 눈이 가는 겁니다.

김홍도는 아마도 저 농부들처럼 타작을 해 봤을 거예요. 아니면 적어도 저 청년 같은 친구가 있었을지도 모르고요. 그러니까 비호감 캐릭터를 그려 넣을 수 있었던 겁니다. 그 결과, 그에 대한 얄미움, 대충 하거나 쉬지도 못하고 눈치를 볼 수밖에 없는 농부들의 속마음을 깨알같이 드러낼 수 있었죠.

여러분은 세상에서 누가 제일 예쁘다고 생각하세요? 엄마들에게 물어보면 당연히 우리 아들, 우리 딸이라고 대답할 겁니다. 여친이나 남친이 있는 사람들은 우리 여친, 우리 남친이라고 대답하겠죠. 이도 저도 없으면 좋아하는 연예인의 이름을 댈 거고요. 아무튼 지금 제일 예뻐 보이는 사람이 바로 여러분이 제일 사랑하는 사람일 거예요. 내가 상대에게 갖고 있는 애정만큼, 꼭 그만큼을 우리는 보고 느낍니다.

우리는 뭔가가 거기에 있어서 저절로 보는 게 아닙니다. 사랑하니까 보이고, 사랑하니까 느껴지는 거죠. 김홍도가 농부에게 애정이 없었다면 저런 그림을 그리지 못했을 거예요.

친구들과 다니다 보면 흥미로운 사실을 발견하게 됩니다. 매일 걷는 똑같은 길인데도, 사람마다 그 공간을 기억하는 방식이나 기억하는 사물들이 다 다르거든요. 예컨대 한 친구는 그 골목을 떡볶이 가게가 있는 골목으로 기억하는가 하면, 다른 친구는 화원이 있는 골목으로 기억합니다. 또 다른 친구는 무서운 개가 짖는 골목으로 기억하고요. 우리는 같은 세계에 살고 있는 것처럼 보이지만, 실은 다 다른 세계에 살고 있는 거죠.

보는 것도 마찬가지예요. 모든 게 그대로 드러나 있어도, 어떤 건 잘 보이지만 어떤 건 절대로 안 보입니다. 눈에 불을 켜고 보려 하면 더 안 보이다가도, 포기하고 아무 생각 없이 있으면 저절로 선명하게 보이기도 합니다. 그러니까 보인다고 보고, 안 보인다고 못 보는 게 아니라는 거죠. 뭔가를 보고 못 보고, 느끼고 못 느끼고는 자기 마음에 달려 있습니다. 우리는 아는 만큼 보는 게 아니라 사랑하는 만큼 봅니다.

르누아르의 그림을 보면 따뜻해집니다. 화난 마음이 휘리릭 풀어지지요. 르누아르는 인간이 느낄 수 있는 지고한 행복감을 표현하고자 했던 화가였습니다. 화가가 대상을 그리기 위해선 먼저 그들을 사랑해야 한다고 생각했고, 그래서 가족 초상화든 소녀의 초상화든 그가 그린 초상화에는 언제나 따뜻함과 정겨움이 넘쳐흐르죠.

피에르 오귀스트 르누아르, 「물랭 드 라 갈레트」
캔버스에 유채, 131×175cm, 1876년, 프랑스 파리 오르세 미술관

프란시스코 고야, 「카를로스 4세의 가족」
캔버스에 유채, 280×336cm, 1800~1801년, 스페인 마드리드 프라도 미술관

고야는 스페인의 궁정화가였습니다. 궁정화가란 왕실에서 왕족을 위해 그림을 그리던 화가죠. 그러다 보니 대개의 궁정화가들은 권력자의 기분에 맞춰 그들의 모습을 이상화할 수밖에 없었지요. 그런데 고야가 그린 황실의 초상화(125쪽 그림)는 좀 이상합니다.

그림 한가운데 다소 기이한 패션 감각을 보여 주는 여인이 바로 왕비 마리아 루이사입니다. 그 옆에 배가 불룩하게 나온 사람이 왕이고요. 왕 뒤에는 남동생 안토니오 파스쿠알이, 그 옆으로는 아기를 안고 있는 공주 부부가 있네요. 그런데 명색이 '왕족'인 이 사람들에게서 어쩐지 위엄이 느껴지지 않습니다. 옷은 화려하지만, 도대체 왕실의 기품이나 화목함을 느끼기 힘들뿐더러, 왕비는 욕심 사나워 보이는가 하면 왕은 좀 덜떨어져 보입니다.

고야는 권력자의 비위를 맞추는 대신 오히려 그들의 아둔함과 탐욕, 분열을 자신의 붓끝으로 여지없이 드러냈죠. 게다가 화면 왼쪽 어둠 속에 보일 듯 말듯 자신의 모습을 그려 넣기까지 했습니다. 일개 화가가 감히 왕족의 초상에 자신을 끼워 넣은 것이죠!

르누아르가 인물을 보는 방식과 고야가 인물을 보는 방식은 이렇게나 다릅니다. 하지만 르누아르는 따뜻함이 넘치는 시선으로 세상을 봤고, 고야는 풍자적이고 날카로운 시선으로 세상을 봤을 뿐, 각자의 방식으로 세상과 자신의 예술을 사랑했다고 할 수 있습니다. 때문에 자신의 느낌을 효과적으로 표현해 낼 수 있었지요.

어떤 예술가가 위대하다고 느껴지는 건 화려한 테크닉을 구사하기 때문이 아닙니다. 이 세상을 대하는 태도와 그걸 표현하는 방식에서 진심이 느껴지기 때문이죠. 르누아르의 그림엔 르누아르의 진심이 있고, 고야의 그림엔 고야의 진심이 있습니다. 그 진심이 우리에게 전해졌을 때 우리의 마음도 움직이는 거죠.

예술가들은 후회 없이 사랑하는 자들입니다. 행복뿐 아니라 불행까지도요. 예수님이 그러셨다죠. 이웃만이 아니라 적도 사랑하라고, 왼뺨을 맞으면 기꺼이 오른뺨도 내주라고요. 이런 식으로 세상을 사랑하는 자들만이 세상을 예찬할 수도, 세상을 욕할 수도 있는 법입니다.

김홍도와 르누아르, 고야는 각자의 방식으로 세상을 사랑했던 사람들이 아니었을까요? 모차르트도 베토벤도, 슈만도 아마 그랬을 테죠. 그래서 그들의 음악은 숨 막히도록 아름답고 슬프고 장엄합니다. 이처럼 세상을 사랑한 예술가들의 진심 어린 표현은 시대를 훌쩍 뛰어넘어 지금 우리에게까지 울림을 줍니다.

사랑하세요, 후회 없이! 그러면 여러분도 여러분이 가진 재능으로 누군가의 마음을 울리고 웃길 수 있을 거예요. 예술가가 뭐 특별한 사람들인가요. 그런 사람들이 바로 예술가인 거죠!

대화가 필요해!

백남준은 비디오 아티스트로 유명합니다. 어딘가에서 여러 이미지가 움직이는 텔레비전 모니터 여러 대를 설치해 놓은 작품을 보았다면, 아마도 백남준의 작품일 겁니다. 그의 작품 중에 「TV 부처」가 있습니다. 이 작품은 아주 단순해요. 작은 부처상 하나를 텔레비전 모니터와 마주하도록 배치해 놓았죠. 그리고 텔레비전 위에 있는 카메라가 부처를 찍습니다. 그 결과 텔레비전을 보는 부처의 모습이 텔레비전에 찍히게 되죠. 결국 부처상은 자신의 모습을 실시간으로 텔레비전에서 보고 있는 겁니다. 저게 뭐람? 텔레비전과 부처? 하나는 현대 문명의 상징이고, 하나는 전통적인 종교를 구현한 상인데, 대체 무슨 의도로 저 둘을 마주하도록 놓았을까요?

텔레비전 프로그램 「개그콘서트」에 '대화가 필요해'라는 인기 코너가 있었습니다. 식탁에 마주한 엄마와 아빠와 아들이 말없이 밥을 먹는데, 어쩌다 말을 하면 서로 '불통'의 극치를 보여 주는 상황이 연출되었죠. 좀 과장된 면은 있지만, 아마 많은 사람들이 공감했을 겁니다. 부모는 아이에게서, 아이는 부모에게서 벽을 느끼죠.

그런데 요즘은 이 '벽'이 점점 더 많아지고 단단해지는 것 같습니다. 사람들은 서로를 바라보며 말을 하지 않고 오로지 게임기와 휴대폰, 텔레비전에만 시선을 집중하거든요. 텔레비전이 없으면 집이

백남준, 「TV 부처」
1974 / 2002년, 백남준 아트센터

너무나 삭막하게 느껴지기도 합니다. 소통하자고 만든 기계가 휴대폰과 텔레비전인데, 그 수단이 우리를 점점 고립시키는 결과를 낳고만 거죠.

부처도 아마 그걸 고민하고 있는 모양입니다. 우리는 텔레비전에 눈과 마음을 빼앗겨 나 자신은 물론 부모도 친구도 잘 보지 못합니다. 텔레비전과 게임기가 만들어 놓은 남의 세계에 넋이 빠져서 '멍 때리기' 일쑤죠. 그런데 백남준의 작품 속 부처는 텔레비전에서 바로 자신을 봅니다.

인간은 다른 사람은 다 볼 수 있지만 나 자신만은 볼 수 없습니다. 세상의 모든 소리를 다 들을 수 있어도 자기의 목소리는 들을 수가 없고요. 그래서 우리는 자신이 무슨 짓을 하고 무슨 말을 하는지 잘 모릅니다. 우리가 시시각각으로 자신이 하는 말과 행동을 모니터링할 수 있다면, 아마도 조금은 말과 행위를 가려서 하겠지요? 그래서 어떤 종교나 철학에서도 '자기를 보는 능력'을 중요하게 생각합니다. 불교에서는 그걸 명상이라고 하지요.

지금 백남준의 부처는 명상을 하고 있는 겁니다. 텔레비전을 보면서요. 어쩌면 지금과 같은 미디어 시대일수록 더 명상이 필요하다고 말하고 싶은 건지도 모르고, 아니면 텔레비전 대신 너 자신을 보라고 말하는 건지도 모르겠어요. 중요한 건, 우리에겐 더 많은 텔레비전이 아니라 더 많은 대화가 필요하다는 사실이에요. 친구와의 대화, 가족 간의 대화도 중요하지만, 무엇보다도 자신과의 대화가 필요합니다. 부처와 모니터 사이의 거리만큼 적당한 거리에서 자신을 볼 수 있는 사람만이 자신을 열고 다른 무언가를 받아들일 수 있는 법이거든요.

그렇다면 어떻게? 이상한 말처럼 들리겠지만, 자신과 대화하는 가장 좋은 방법은 남의 말을 경청하는 겁니다. 다른 사람의 목소리를 내 안에 살게 하는 게 경청이죠. 고대와 중세의 사람들에겐 청각이 가장 정확하고 중요한 감각이었다고 합니다. 스승의 말을 주의 깊게 듣고, 그 소리를 재생하면서 글로 쓰면 스승의 말이 내 안에서 살아 있게 된다고 생각했다는 거예요. 생각해 보면, 부처님이나 예수님은 글을 남기지 않았습니다. '말씀'을 남기셨을 뿐이죠. 『논어』 역시 공자님과 제자들의 대화를 담은 책이지, 공자님의 글이 아닙니다. 소크라테스 역시 대화를 통해 가르침을 설파했고요.

대화는 언제나 특정한 상황 속에서 이루어집니다. 그 안에서 말은 물질적인 힘을 가지고 오가게 되지요. 즉 상대방이 하는 말 하나하나가 그냥 말이 아니라 강펀치가 되기도 하고 시원한 물세례가 되기도 하고 따뜻한 난로가 되기도 합니다. 그 과정에서 자신이 뭘 잘못 생각하고 있었는지, 얼마나 편협했는지를 깨닫게 되지요. 때문에 대화하고 경청하는 과정을 통해 자신의 모습을 새롭게 보게 되는 겁니다. 자신과의 대화가 다른 사람들의 소리를 받아들이는 데서 시작된다는 말을 이해하겠죠?

사방의 문을 꼭 닫은 채 대화하지 않는 사람은 아무것도 느낄 수 없어요. 자신을 사랑한다고 생각할지 모르지만, 그게 실은 자신을 방치해 두는 거죠. 백남준은 세상에서 가장 멀리 있는 듯한 두 존재를 마주보게 했습니다. 자, 그들 사이에 이제 무슨 대화가 시작될까요?

유희하라, 웃어라!

유희왕을 아시나요? 해강이는 유희왕 카드를 열심히 모읍니다. 새로운 카드가 나올 때마다 모으고 또 모으더니 지금은 제법 많이 모았지요. 하루는 하도 유희왕 카드놀이를 하자고 해서 좀 유심히 보았어요. 이름만 다른 게 아니라 각자 에너지도 다르고, 무기도 다르고, 개성도 다르고, 적수도 다르더군요. 저 같은 사람은 도통 즐길 수 없는 고난도의 게임이었습니다만, 어쨌든 카드 하나로 무한한 '유희'가 가능하더라고요.

예술가들이야말로 진정한 유희왕이 아닐까요? 각자의 무기로, 각자의 개성대로, 각자의 스타일에 따라 작품을 만들어 사람들의 마음을 공격합니다. 때론 물처럼, 때론 불처럼, 때론 바람처럼. 때론 강하게, 때론 부드럽게 우리의 마음을 사로잡지요. 그건 일종의 '유희'입니다. 진짜 세상을 불태우거나 세상을 파괴하는 대신, 우리의 느낌을 바꾸도록, 혹은 전과는 다르게 보도록 유도함으로써 세상을 다르게 상상하고 건설할 수 있는 여지를 주지요.

소꿉놀이 좋아하세요? 하긴 요즘은 이 학원 저 학원을 '투어'하느라 도통 놀 시간이 없지요. 해강이만 하더라도 매일 한두 개의 학원을 다니니까요. 오죽하면 피곤해 죽겠다는 말을 다 하겠어요, 그 꼬맹이가. 우리 땐 친구들과 돌멩이며 풀을 가지고 하는 소꿉놀이가 최고의 놀이였습니다. 가장 전통적인 아이들의 놀이죠.

조선 말기의 화가이자 문인이었던 조희룡의 글 중에 자신의 글을 '소꿉놀이'에 비유한 글이 있습니다.

이러한 산만하고 무료한 말을 이 작은 제목을 빌려 발표하거니와, 여기에는 내 마음이 실려 있다. 이 책을, 어린애들이 티끌로 밥을 삼고, 흙으로 국을 삼고, 나무로 고기를 삼아 소꿉놀이하는 것에 비유하고 싶다. 그런 물건들이 그저 유희에 불과할 뿐 먹지 못한다는 것은 아이들 자신도 잘 안다. 하지만 거기에는 밥이나 국이나 고기로 보는 의미가 담겨 있다. 이 책은 마땅히 그렇게 보아야 할 것이다.

풀을 뽑아 빨간 벽돌 가루로 버무린 나물 반찬을 보고 왜 먹을 수 없냐고 투덜거리는 사람은 소꿉놀이에서 '아웃'입니다. 유희의 기본 정신은 그래야 한다는 법칙을 무시한다는 거죠. 유희에는 규칙만 있을 뿐이에요. 소꿉놀이의 규칙은 풀잎이 반찬이고, 흙이 밥이고, 빗물이 국이라는 거, 내가 엄마고 네가 아빠라는 거죠. 이 기본적인 규칙만 있으면 놀이는 얼마든지 다양하게 변형할 수 있습니다.

어린아이와 예술가가 유희의 대가가 될 수 있는 건 바로 이 때문이죠. 유희왕은 '진짜/가짜'에 별로 관심이 없습니다. 그저 재미난 것, 새로운 것, 신기한 것, 다른 것을 찾을 뿐이죠. 유희왕이 제일 싫어하는 건 '재미없음'이에요. 예술가도 마찬가지입니다. 예술가는 아주 재미있는 거짓말을 하는 사람, 하지만 그 거짓말로 사람들을 울리고 웃기는 사람입니다. 한번 크게 웃고, 한번 크게 울 때마다 우리 안의 에너지가 바뀌게 되죠.

느낌에는 법칙이 없습니다. '이렇게 느껴야 올바른 거다'라거나, '이렇게 느끼면 틀린 거다' 같은 정해진 법칙이 없다는 거죠. 오늘 게임을 즐기려면 어제 게임을 잊어야 하듯이, 잘 느끼려면 잘 잊는 것이 중요합니다. 알고 있던 것, 기억하는 것, 전에 느꼈던 것을 담아 두고서는 새로운 걸 받아들일 수 없을 테니까요. 그래서 느낌은 모방할 수가 없습니다. 친구가 어떤 음악을 듣고 느낀 걸 아무리 따라 하려 해도 따라 할 수가 없는 거죠. 느낌은 자신만의 것이고, 자신이 만들어 내는 능력이며, 세상과 만나는 자신만의 방식입니다.

시는 무엇을 스승으로 삼아야 하냐는 물음에 박제가는 이렇게 답했답니다.

"하늘과 땅 사이에 가득 찬 모든 것이 다 시입니다. 사계절은 변화하고, 온갖 소리는 웅성거리는데 그 몸짓과 빛깔 그리고 소리와 리듬은 자유자재합니다. 어리석은 자는 그런 현상을 깨닫지 못하지만 지혜로운 자는 그 현상을 받아들입니다. 따라서 다른 작가의 주둥이에서 나오는 말이나 우러러보고, 케케묵은 종이쪽지에서 근거 없는 찌꺼기나 줍는 글쟁이들이야말로 근본에서 너무도 많이 벗어났다고 하겠습니다."

하늘과 땅 사이에 있는 모든 것들은 우리에게 말을 걸어옵니다. 우리가 그 말을 듣지 않을 뿐이지요. 마음을 열어 그 말에 잘 귀 기울이면, 세상 모든 것이 예술의 재료가 되고 놀이의 재료가 됩니다. 남을 따라 하지 마세요. 공부에는 일등과 꼴등이 있지만, 느끼는 데는 어떤 차별도 없습니다. 그저 자신의 느낌대로 쓰고, 노래하고, 그리면, 여러분은 세상에서 하나뿐인 유희왕, 하나뿐인 예술가가 되는 겁니다.

쓸모없는 쓸모를 만들어라!

『장자』에 나오는 이야기입니다. 하루는 장자가 친구와 함께 산을 오르다가 휘고 말라비틀어진 나무를 보게 됩니다. 함께 가던 친구가 그 나무를 보며 탄식하지요. "어떤 나무는 좋은 땔감으로 쓰이고,

어떤 나무는 좋은 가구가 되는데, 이 나무는 아무 쓸모없이 버려져 있구나"라고요. 그 말을 들은 장자가 이렇게 말합니다.

"어떤 나무는 불에 잘 타서 땔감으로 베어지고, 어떤 나무는 단단해서 목재로 베어지는데, 이 나무만은 아무 쓸모가 없는 덕에 살아 있지 않은가. 세상은 이 나무를 무용하다고 말하지만, 반대로 이 나무야말로 자신의 무용함을 잘 사용하고 있지 않은가."

이걸 장자는 '쓸모없음의 쓸모'라고 말했습니다. 알듯 모를 듯하죠? 그렇다면 137쪽의 작품을 보세요.

피카소는 버려진 자전거 안장과 손잡이를 주워다 황소의 머리를 만들었습니다. 말해 주지 않으면 누가 저걸 보고 자전거 안장과 손잡이라고 생각이나 하겠어요? 그런가 하면 라우션버그는 길가에 버려진 침대 시트를 주워서 벽에 걸어 놓고 거기에 페인트를 뿌렸습니다. 그랬더니 지금까지 아무도 시도하지 않은 작품 하나가 완성되었죠. 자, 이렇게 두 사람 모두 쓸모없음에서 쓸모를 만들어 냈습니다. 사물을 다르게 보고 다르게 느끼면, 이처럼 세상에서 가장 무용하다고 버림받은 걸 가장 유용하게 만들 수도 있는 거예요.

어떤 친구들은 공부 좀 잘한다고 자기가 잘났다고 느끼고, 어떤 사람들은 아무런 재주도 없는 자신이 가장 못났다고 생각합니다. 하지만 세상에 태어난 이상 아무것도 아닌 사람은 없습니다. 공부라는 하나의 잣대로 볼 때만 잘나고 못나고가 있는 거지, 그 기준을

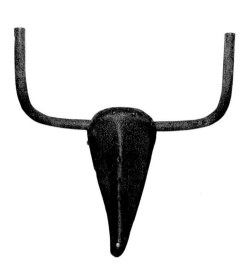

파블로 피카소, 「황소 머리」
가죽과 금속의 혼합 재료,
33.5×43.5×19cm, 1942년, 파리 피카소 미술관

로버트 라우션버그, 「침대」
콤바인 페인팅, 191.1×80×20.3cm, 1955년,
미국 뉴욕 현대 미술관

떠나면 '쓸모없음의 쓸모'를 발명해 낼 수 있는 방법은 얼마든지 있지요. '쓸모없음'은 세상이 정해 놓은 기준일 뿐 절대적인 게 아닙니다. 하늘의 뜻 같은 건 더더욱 아니고요. 중요한 건, 여러분들 자신이 여러분들의 '쓸모'를 만들어 내기 위해 노력하는 겁니다.

피카소가 운이 좋아서 황소 머리를 만든 게 아니에요. 저걸 황소 머리로 만들어야겠다는 생각이 갑자기 떠오를 정도로 훈련을 했으니까 저런 아이디어가 생기는 거죠. 느끼는 것도 기술이고, 모든 기술에는 훈련이 필요합니다. 익숙한 것을 낯설게 느끼는 연습, 낯선 것을 피하지 않는 연습, 자기가 좋아하는 것으로부터 멀어지는 연습, 싫다고 생각했던 것들을 바라보는 연습을 자꾸 해야 합니다. 그러면 느낌의 폭이 훨씬 넓고 깊어질 거예요. 이 세상의 쓸모가 아니라 내가 꿈꾸는 세상의 쓸모를, 남의 쓸모가 아니라 자신만의 쓸모를 만들어 보세요.

● 반 고흐적인 배움과 훈련

장-프랑수아 밀레, 「씨 뿌리는 사람」
캔버스에 유채, 101.6×82.6cm, 1850년,
미국 보스턴 미술관

반 고흐, 「씨 뿌리는 사람」(밀레를 따라 그린 모작)
연필과 잉크, 48×36.5cm, 1881년,
네덜란드 암스테르담 반 고흐 박물관

느낌이 왔습니다. 그런데 그 느낌을 어떻게 표현해야 할지를 도통 모르겠습니다. 좋은 걸 좋다고 하고, 싫은 걸 싫다고 하고, 슬픈 걸 슬프다고 할 수밖에는, 달리 느낌을 표현할 길이 없습니다. 자, 네 생각과 느낌을 표현해 봐! 아무리 그렇게 말해도 그저 막막하기만 합니다.

반 고흐도 그렇게 생각했습니다. 씨를 뿌리고 물을 주고 수확하는 농부들의 위대한 노동을 표현하고 싶은데, 도무지 길이 없었죠. 그래서 어떻게 했을까요? 배웠습니다. 농부의 노동을 잘 표현한 밀레의 그림을 옆에 놓고 베껴 그리기를 반복했죠. 반 고흐가 그린 밀레 습작만도 대단히 많습니다. 이렇게도 그려 보고, 저렇게도 그려 보고, 반 고흐는 그 대가의 그림이 자기 것이 될 때까지 그리고 또 그렸습니다. 그렇게 이 화가를, 또 저 화가를 자신의 스승으로 삼아 배우고 또 배웠습니다. 그랬기 때문에 반 고흐가 있을 수 있었던 거죠.

누구에게나 놓치고 싶지 않은 느낌의 순간들이 있습니다. 좋은 책을 읽었을 때, 좋은 음악을 듣거나 풍경을 봤을 때, 그 순간의 느낌을 바로바로 표현할 수 있다면 얼마나 좋을까요? 하지만 쉽지 않습니다. 해강이도 그렇습니다. 뭐가 왜 좋냐고 물어보면, 한참 생각하다가 딱 한마디 하죠. "모르겠어. 그냥 좋아!" 그냥 좋고, 그냥 싫고, 그냥 슬프고, 그냥 감동이라는 거죠. 물론, '그냥' 그렇다는 게 정답이긴 합니다. 하지만 내 말로, 내 노래로, 내가 가진 무언가로 표현해 낼 수 있다면 훨씬 많은 사람과 내 느낌을 나눌 수 있지 않겠어요?

느낌에서 표현으로! 그 사이에는 바로 '반 고흐적인' 배움과 훈련이 있답니다. 무술인처럼, 가수나 배우들처럼 꾸준히 배우고 쉼 없이 연습하다 보면 '경지'에 이르는 것이지, 처음부터 높은 곳에서 시작하는 사람은 없습니다. 멋진 집을 짓는 일도 우선은 벽돌 한 장 쌓는 것부터 시작해야 하는 법!

절차탁마(切磋琢磨)라는 말이 있습니다. 자르고 다듬고 쪼고 간다는 뜻입니다. 자르고 다듬고 쪼고 갈아서 광을 내기 전에는 어떤 다이아몬드도 그냥 돌일 뿐입니다. 우리 안에는 다이아몬드가 될 수도 있는 원석이 있습니다. 느끼고 표현할 수 있는 능력 말이에요. 그걸 절차탁마하면 여러분의 말도, 여러분의 표현도 반짝거리는 보석이 될 수 있습니다. 자르고, 다듬고, 쪼고, 갈고! 느낌에서 표현으로!

넌 감동이었어!

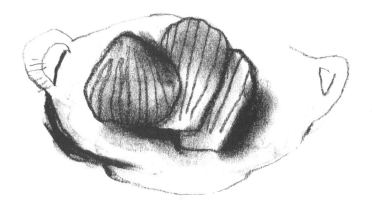

어떤 연구에 따르면 태어난 지 얼마 안 된 아기는 자신과 세계를 구분하지 못한다고 합니다. '자기'를 느낄 때 언제나 엄마의 젖을 먹거나 움직이는 인형을 볼 때처럼 다른 대상과 함께라는 거죠. 쉽게 말하면, '내가 좋다'거나 '내가 슬프다' 같은 자의식이 없다는 거예요. 그러다가 성장하면서 점차 타인과 마주하는 '나'를 발견하게 됩니다. 이른바 '정체성'이 만들어지기 시작하는 거죠.

그리고 나면 이제 이 정체성에 사로잡혀서 나와 남을 구분 짓고, 이로부터 고립감을 느끼고, 그래서 역설적이게도 '나'를 잊게 만들 수 있는 열정적 사랑이나 집중할 수 있는 대상을 갈망하게 됩니다. '그것'만 가질 수 있다면 아무래도 좋아, 라면서 자기의 모든 욕망과 의지를 하나의 대상에 쏟아붓는 거죠. 이런 걸 '사랑'이라고 착각할 수도 있지만, 천만에요! 다른 사람의 사랑을 강요하고, 하나의 대상에 집착하는 사람들일수록 자기 정체성의 벽을 높이 쌓은 사람이라고 할 수 있습니다. 그들이 사랑하는 건 실은 자기 자신인 거죠.

나를 고집하는 것이야말로 사랑하고 느낄 수 없다는 증거입니다. 사랑하고 느낀다는 건 관계에서 출발하는 것이거든요. 예를 들어 볼까요. 수소는 산소와 만나서 물을 이룹니다. 또 염소를 만나면 염산을 만들지요. 이때 물속의 수소와 염산의 수소는 같은 수소일까요? 수소는 무색, 무취, 무미의 기체지만, 무엇과 결합하느냐에 따라 천의 얼굴을 갖습니다. 수소가 수소의 정체성을 고집한다면 다른 원자들과 화학반응을 일으킬 수 없었을 거예요. '아르곤'이라는 기체가 그렇습니다. 이 녀석은 워낙 게을러서 좀처럼 다른 물질들과 반응할 줄을 모르죠.

우리는 말 그대로 이 세계의 무수한 존재들과 '화학반응'을 하며 살아갑니다. 화학반응을 한다는 것, 그것은 다른 것을 느끼고, 내 안에서 타인과 공감할 수 있는 능력을 발견하고, 그럼으로써 자기 자신을 확장해 가는 과정이라고 할 수 있습니다. 나는 무색, 무취, 무미이더라도, 다른 존재와 화학반응을 일으키게 되면 천 가지 색, 만 가지 맛을 낼 수 있게 되는 거죠.

우리는 그런 식으로 경험과 지식의 유한성을 넘어설 수 있는 겁니다. 잘 살기 위해서 모든 능력을 갖출 필요가 없습니다. '만능맨'이되기란 불가능하기도 하고, 된다 해도 시간이 너무 많이 걸립니다. 그 대신 화학반응을 잘할 수 있는 신체가 되면, 만물의 능력을 내 능력으로 취할 수 있게 되는 거죠. 이런 축복이 또 어디 있겠어요?

우리는 생각하고 말하는 건 누구나 갖춰야 할 능력이라고 생각하지만, 느끼는 것도 능력이라고는 잘 생각하지 못하는 것 같아요. 하지만 느끼는 거야말로 생각하고 의지하고 행위하는 데 기본이 되는 능력입니다. 느낀다는 건 내 안에 낯선 힘을 받아들이는 거거든요. 달리 말하면, 내 마음의 문을 열고 바깥으로 나아가는 거라고 할 수 있습니다. 바깥으로 나가면 무슨 일이 생길지 알 수 없습니다. 어쩌면 상처를 받을 수도 있겠죠. 하지만 상처받지 않으려고 자신만의 세계에 꽁꽁 갇혀 지내는 것보다는 차라리 상처받고 아파하는 게 훨씬 낫습니다. 그걸 통해 조금 더 단단해지고, 세상을 보는 또 하나의 눈을 갖게 될 테니까요.

살다 보면 누구에게나 잊지 못할 감동의 순간들이 있습니다. 그 순간을 잊지 못하는 건, 그 순간이 우리에게 다른 세계를, 한 번도 경험해 보지 못했던 차원을 선사했기 때문이 아닐까요? 타인과 내가 하나가 되는 것 같기도 하고, 내가 녹아내리거나 무한하게 팽창되는 것 같기도 하면서, '아! 나도 저렇게 살고 싶다'라는 느낌(感)과 함께 나를 움직이게(動) 만드는 순간! 말 그대로 감동(感動)의 순간인 거죠. 아, 물론 갖고 싶었던 물건을 선물 받았을 때도 '감동'이라고 말하긴 합니다만, 갖고 싶었던 걸 갖는 순간의 기쁨은 우리를 지속적으로 출렁이게 하진 못합니다. 화학반응을 해서 다른 존재가 되는 게 아니라 그냥 '+1'인 거죠.

느낄 수 있는 능력 때문에 인간은 인간 자신을 넘어 만물과 교감할 수 있고, 유한한 경험을 넘어 다른 세계를 상상할 수도 있습니다. 우리는 모두가 감동을 주고 감동받을 수 있는 존재들입니다. 느낄 수 있다는 건 누구에게나 공평하게 주어진 잠재력이죠. 하지만 어떤 사람은 그 능력을 발휘해서 세상에 자비심을 발휘하는가 하면, 어떤 사람은 그 능력을 다 죽이고 세상에 폭력을 휘두릅니다.

달라이 라마는 말합니다. 타인과 공감하는 능력이야말로 쓸데없는 두려움과 불안을 없애고 행복감을 준다고요. 자신에게 잠재되어 있는 자비심을 끄집어내서 타인들과 교감하라고요. 여러분의 존재 자체가 이미 感–動입니다! 부디, 그 능력을 마음껏 발산해 보시길!

팔대산인, 「병 속의 꽃」

● 팔대산인(八大山人, 1624~1703)

팔대산인(八大山人)이라는 호로 널리 알려진 주답(朱耷)은 명말청초의 화가예요. 1664년에 명나라가 멸망하자 승려가 되어 세상을 떠돌며 그림과 술을 벗 삼아 거짓 미치광이 행세를 하였다고 전합니다. 자료가 적어 정확한 사실은 알 수 없으나, 미쳤다는 것은 세상의 흐름에 섞여 들지 못하고 불화했음을 암시한다고 생각하면 됩니다.

세상과 불화하는 사람이 세상 속에서 살아갈 수 있는 길은 무엇일까요? 바로 예술입니다. 예술은 이 세상을 벗어나지 않은 채 또 다른 세계를 꿈꾸고 만들 수 있게 합니다. 예술가가 흔히 '신선'으로 비유되는 것도 그 때문이지요. 이 세상에 살지만, 이 세상의 모든 가치로부터 자유로운 존재. '미치광이' 팔대산인은 그렇게 세상을 떠돌며 그림을 그렸고, 그런 그에게 붓과 먹과 종이는 세상과 소통하고 공감하는 통로였습니다.

그의 그림은 전통적인 화법을 벗어난 파격적 화풍을 보여 줍니다. 군더더기 없이 핵심을 찌르는 필치로, 화훼(花卉) · 조어(藻魚) · 조수(鳥獸) · 산수 등의 여러 소재를 독창적 스타일로 표현해 냈습니다. 바위, 꽃, 고양이, 물고기 등은 흔한 소재지만, 간략한 스타일에서 그가 세상에 대해 갖는 태도와 열정, 분노, 초월 같은 복합적 느낌을 자아냅니다. 예를 들어 기이한 형상의 바위, 마르고 시든 연꽃, 눈을 부릅뜬 물고기, 두 눈이 새까만 고양이 등은 세속에서 벗어나 고독하게 은둔한 자화상처럼 보이기도 하고, 담박한 산수화는 그가 꿈꾸는 유토피아처럼 보입니다.

케테 콜비츠, 「자화상」 부분

● **케테 콜비츠**(Käthe Schmidt Kollwitz, 1867~1945)

현재 러시아 칼리닌그라드인 쾨니히스베르크에서 태어나, 독일에서 그림 공부를 했습니다. 가슴이 먹먹해지는 그녀의 판화 작품을 보면, 가난과 전쟁으로 고통 받는 민중들의 아픔에 얼마나 깊이 공감했는지를 짐작할 수 있습니다.

콜비츠는 게르하르트 하우프트만의 연극 「직조공들」에 영감을 받아 「직공들의 반란」(1895~1898)이라는 시리즈를 제작하지요. 또 막내아들을 전쟁에서 잃은 후에는 「전쟁」(1922~1923) 시리즈를 제작했고, 이후에도 고통스러운 민중의 삶이나 전쟁의 참상을 주제로 한 시리즈를 발표합니다. 중국의 문인 루쉰은 콜비츠의 판화에 깊은 감명을 받아 중국의 청년들과 함께 목판화 운동을 조직했고, 1980년대 우리나라 민중 미술가들도 그의 판화가 갖는 표현의 효과에 주목했습니다.

콜비츠의 판화 중에서도 특히 인상적인 것은 아이를 안은 어머니를 표현한 판화들이에요. 아이를 잃은 어머니의 모습은 전쟁의 비극과 가난한 농민의 참상을 더없이 효과적으로 전달합니다. 하지만 그 비통함 끝에 남는 것은, 그럼에도 불구하고 살아가는 자들의 강인함입니다.

"힘, 인생을 있는 그대로 파악하고, 살아가면서 꺾이지 않아—비탄도 눈물도 없이—강인하게 자신의 일을 꾸려 가는 힘. 자신을 부정하지 말며, 도리어 일단 형성된 자신의 인간성을 더욱 자신의 것으로 만들 것. 그것을 개선해 나갈 것. 요행심, 사악함, 어리석음을 퇴치하고, 포괄적으로 보았을 때, 우리 내부에 가치가 있다고 생각되는 것은 강화하라."

콜비츠는 비탄과 고통 속에서도 자신의 가치를 잃지 않고 현실에 맞서 싸우는, 작고 이름 없지만 강인한 인간들의 소리에 귀 기울였지요. 그래서 그의 작품은 현실 속에서 고통 받는 세상의 모든 사람의 가슴을 울리고, 어깨를 감쌌습니다.

움베르토 보초니, 「자화상」 부분

● 움베르토 보초니(Umberto Boccioni, 1882~1916)

이탈리아의 미술가로, 1910년에 이탈리아의 미래파에 참가했습니다. 미래파는 과거의 모든 전통과 결별하고 기계문명과 속도를 예찬했던 유파로서, 1912년에 발표된 '미래주의 선언'은 미래파의 미학을 고스란히 담고 있습니다. 용기, 대담성, 반항이 그들의 모토였고, 이런 모토 아래 미래파 작가들은 거침없이 질주했지요.

보초니는 '미래파 조각의 기술 선언'을 발표하고, 전통적인 조각에 사용되었던 재료인 대리석을 버리고 모든 재료를 사용할 것을 주장하였습니다. 뿐만 아니라 정적인 조각을 벗어나, 조각에 역동적 움직임을 담아내고자 했습니다. 예컨대, 걸어가는 사람의 움직임이라든지, 술병이 공간 속에서 점차 변모해 가는 모양처럼, 기존의 조각이 간과한 새로운 차원을 표현하고자 했습니다.

그의 회화에서도 이러한 역동성은 중요하게 다뤄집니다. '세상의 모든 사물과 마음은 제자리에 움직이지 않고 끊임없이 움직인다, 그러므로 미술은 머물러 있는 과거를 표현하는 대신 움직이고 있는 현재를 표현해야 한다'는 것이 그의 믿음이었습니다.

하지만 보초니와 친구들의 질주는 오래되지 못했습니다. 그들이 예찬했던 속도와 굉음이 난무하는 바로 그 전쟁터에서 그들은 하나둘씩 목숨을 잃었고, 보초니 역시 전쟁 중 달리는 말에서 낙마하고 말았습니다.

르네 마그리트, 「빛의 제국」

● 르네 마그리트(René Magritte, 1898~1967)

벨기에 출신의 화가로, 1927년에 앙드레 브르통이 이끄는 초현실주의 운동에 참여했습니다. 하지만 꿈이나 무의식을 중시하고 '자동기술법'을 신봉했던 초현실주의는 마그리트와 썩 잘 맞았던 것 같지 않아요. 마그리트의 작품을 보면, 환상적인 측면이 있긴 하지만 달리의 그림처럼 꿈이나 무의식의 세계가 연상되지는 않습니다. 오히려 우리가 어떤 사물에 대해 가지고 있는 기존 관념을 논리적으로 비틀거나 뒤집음으로써 예기치 못한 웃음을 선사하지요.

많은 철학자가 마그리트의 그림에서 영감을 얻는 것도 그 때문입니다. 예컨대, 누가 봐도 파이프인 파이프를 그려 놓고는 "이것은 파이프가 아니다"라고 써 놓는다거나, 얼핏 보면 단순해 보이는 그림 한쪽에다 그림 자체를 부정하는 수수께끼를 집어넣는 식으로 우리의 보는 습관에 물음을 던집니다. 그런가 하면, 돌과 불, 새와 바다 등 무관해 보이는 듯한 두 사물을 결합하거나 가벼운 것을 무겁게, 무거운 것을 가볍게 표현함으로써 우리의 익숙한 감각을 깨기도 하지요.

마그리트의 그림을 볼 땐 긴장해야 합니다. 하지만 심각해질 필요는 없어요. 숨은 그림을 찾아내듯이, 우리의 상식과 편견을 허무는 '포인트'를 찾아내기만 하면 이내 웃음이 터지게 될 테니까요. 마그리트는 화가란 '천리안을 가진 자'라고 생각했습니다. 눈앞에 있는 걸 보는 자가 아니라 앉아서 천리 밖을 내다보는 자, 아직 오지 않은 것을 누구보다 먼저 느끼고 표현하는 자. 그런 점에서 보면, 마그리트야말로 '현실을 넘어선 자', 초현실주의자가 아니었을까요?

앙리 카르티에 브레송, 「파리, 생자라드 역」

● **앙리 카르티에 브레송**(Henri Cartier-Bresson, 1908~2004)

프랑스의 사진작가인 앙리 카르티에 브레송은 1931년 무렵 우연히 사진을 배우게 된 이후로 프랑스 전역과 세계 각지를 여행하며 사진 작업에 몰입하기 시작했습니다. 제2차 세계대전이 끝난 후에는 코버트 카파, 데이비드 시무어, 조지 로저 등과 함께 유명한 보도사진 작가 그룹인 '매그넘 포토스'를 결성하면서 명성을 얻게 되지요.

1952년에 발간한 사진집의 제목이기도 한 '결정적 순간'은 그의 사진 철학을 요약하는 말입니다. '결정적 순간'이라는 일상적인 리얼리티를 잘 반영하는 절묘한 순간을 의미합니다. 그 '순간'은 사진작가와 대상이 찰나적으로 하나가 되는 순간이며, 우리는 그 한 장의 사진에 담긴 '찰나의 순간'에 담긴 고유한 정서를 만나게 되지요.

브레송은 카메라를 눈의 연장이라고 생각했고, 사진을 일기이자 메모라고 생각했어요. 브레송은 어딜 가든 카메라를 자신의 두 눈처럼 지니고 다니면서 보이는 것들을 응시했습니다. 그러다가 '그 순간'이 오면, 한쪽 눈을 감고 매처럼 빠른 속도로 그 장면을 낚아챘습니다. "사진을 찍을 때 한쪽 눈을 감는 이유는 마음의 눈을 위해서이고, 찰나에 승부를 거는 것은 사진의 발견이 곧 나의 발견이기 때문이다."

앙리 카르티에 브레송의 사진은 그저 우연하게 얻어진 광경이 아니라, 눈과 마음을 열어 오랫동안 세상을 응시한 자에게만 주어지는 선물과도 같은 순간입니다. "말할 수 있는 것은 아무것도 없다. 그저 바라보기만 해야 한다. 바라본다는 것, 그리고 그것을 배우는 것은 정말 힘든 일이다. 시간도 무한정 든다. 더욱 중요한 것은 바라보는 작업을 진지하게 해야 한다는 점이다."

더 좋은 장면을 담기 위해 필요한 건 더 좋은 기계가 아니라 우리의 마음이라는 것. 브레송의 사진은 이 사실을 알려 줍니다.

요셉 보이스 전시 포스터

● **요셉 보이스**(Joseph Beuys, 1921~1986)

독일의 미술가인 요셉 보이스는 제2차 세계대전 중 독일 공군에 입대하여 비행사로 복무하다 소련군의 폭격을 맞고 러시아 크림 반도에 추락하여 죽을 뻔한 경험을 합니다. 이때 추락한 지역의 원주민인 타타르인들이 그의 온몸에 버터를 발라 주고 펠트지 담요로 몸을 싸서 보호해 준 덕분에 보이스는 회생할 수 있었어요.

사고 경험을 통해 펠트 천이나 버터 같은 '무생물'에도 생명성이 내재해 있음을 깨닫게 된 그는, 이후 예술과 삶의 분리를 부정하고 자신의 삶 자체를 예술 작품으로 인식하는 한편, 예술의 치유적 기능을 확신하게 됩니다. 그에게는 타타르인들이야말로 예술가 그 자체였으며, 버터와 펠트야말로 생명성을 잉태한 예술 작품이었던 것이지요.

권위적이고 엘리트주의적인 미술을 거부한 그는 유럽의 샤머니즘으로부터 영감을 얻은 새로운 예술 작업을 시도했으며, 미술의 사회적·정치적 참여를 주장하며 여러 정치 활동 단체를 조직하기도 했습니다. 보이스는 자신이 하는 모든 활동을 미술로 여겼을 뿐 아니라, 미술을 통해 개인과 사회를 치유하고 구원할 수 있다고 믿었습니다.

1986년에 그가 심장마비로 세상을 뜨자, 절친한 친구 백남준은 요셉 보이스의 영혼을 위해 굿 퍼포먼스를 벌이기도 했습니다. 기존의 엘리트적 전통보다는 변방의 민속 문화에 흥미를 느꼈고, 예술가보다는 샤먼으로 불리기를 좋아했던 두 예술가의 우정은 '플럭서스' 그룹 안에서도 빛을 발했지요.

로버트 라우션버그, 「침대」

● **로버트 라우션버그**(Robert Rauschenberg, 1925~2008)

미국 작가 로버트 라우션버그는 스승인 조셉 알버스의 영향을 받아 처음에는 흑백의 단색 회화를 제작했습니다. 그러다 1953년에 여러 가지 오브제들과 회화를 결합한 작품을 제작하여 이를 '콤바인 페인팅(Combine Paintings)' 이라 이름 붙였지요.

콤바인 페인팅이란 캔버스나 벽에 여러 가지 사물을 덧붙이고 붓질을 하는 작업으로, 2차원과 3차원을 결합한 새로운 형태의 작품이라고 할 수 있습니다. 그가 주로 사용한 사물은 녹슨 도로 표지판, 박제된 독수리, 타이어 등 뉴욕 거리에 버려진 쓰레기들이었어요. 일상의 익숙한 사물들을 작품에 사용하는 이런 기법은, 변기나 자전거 바퀴, 폐품을 그대로 사용한 다다이스트의 연장선에 있기 때문에 '네오다다이즘' 이라고 불리기도 합니다. 하지만 라우션버그의 콤바인 페인팅에는 좀 더 중요한 의미가 담겨 있지요.

우선, 콤바인 페인팅은 회화를 '화가의 주관적 감정 표현' 으로 여기는 기존 회화 관념에 대한 저항입니다. 당시 미국의 화가들은 거대한 화면을 즉흥적인 붓질로 채워 넣는 추상 작품을 반복적으로 만들어 내고 있었습니다. 라우션버그는 이에 대한 비판으로, 윌렘 드 쿠닝이라는 화가의 드로잉을 가져다가 모조리 지운 다음 「라우션버그의 드 쿠닝 지우기」라는 제목을 붙여 전시하기도 했습니다.

두 번째로, 콤바인 페인팅은 미술이 현실이나 감정을 모방하는 것이 아니라 그 자체로 하나의 현실이라는 생각에서 비롯되었습니다. 미술가는 미술과 삶 사이에서 그 둘의 간극을 지워 나가는 존재여야 한다는 것이 라우션버그의 철학이었지요. 그가 팝 아트의 선구자로 불리는 것도 이 때문입니다. 팝 아트 역시 우리가 미디어에서 접하는 일상적인 이미지를 그대로 차용함으로써 고급 미술과 대중문화의 경계를 지우고자 했으니까요.

"기존의 것을 복제하는 것은 예술이 아니다. 너 자신의 경험과 일상을 너의 예술로 만들어라." 이것이 라우션버그의 가르침입니다.

백남준, 「TV 부처」

● **백남준**(1932~2006)

비디오 아티스트로 잘 알려진 백남준은 예술과 매체와 국경을 가볍고 자유롭게 가로지르며 활동한 '유목적 예술가'입니다. 백남준의 멀티미디어적인 작업은 1958년에 만난 존 케이지와의 인연으로부터 본격화됩니다. 동양의 불교에 심취해 있던 존 케이지와 '샤먼'을 자청했던 요셉 보이스 등과 함께 백남준은 '플럭서스' 그룹의 핵심 멤버로 활동했습니다. 성, 국경, 민족, 예술에 대한 모든 경계를 가로지르면서 '흘러다니던' 플럭서스 그룹의 활동은 백남준의 이른바 '비빔밥 정신'과도 통했지요.

1963년, 백남준은 독일 부퍼탈의 파르나스 화랑에서 최초로 TV 모니터를 사용한 개인전 '음악 전람회–전자 텔레비전'을 선보입니다. TV 13대와 피아노 3대가 등장한 이 전시회에서는 영사막을 거꾸로 뒤집어 놓거나 관객이 발로 밟아야 소리가 나는 TV가 선보였습니다. 이중 「조정된 피아노」는 가시철사나 인형, 장난감, 브래지어, 깨진 달걀 등 각종 잡동사니를 피아노에 부착한 작품입니다.

백남준에게 TV는 '국경을 모르는' 매체였을 뿐 아니라, 관객과의 쌍방향적 소통을 가능하게 하는 민주적인 매체였습니다. 또한 바보상자가 아니라 세상을 밝게 비추는 '가장 오래된 달'이었습니다.

TV는 우리의 눈이고 가슴이고 머리입니다. 저 먼 옛날에 말을 타고 국경을 넘나들던 유목민들처럼, 우리 시대에는 TV가 국경을 가로지르며 정보를 소통시킵니다. 멍하니 앉아 바라보기만 하는 TV가 아니라, 정원의 꽃이 되기도, 하늘의 달이 되기도, 물고기가 되기도 하는 '멀티 트랜스포머'로서의 TV인 것입니다.

1982년 뉴욕의 휘트니 미술관에서 열린 회고전과 1984년에 전 세계에서 방영된 인공위성 프로젝트 「굿모닝 미스터 오웰」을 통해 백남준은 세계적인 비디오 아티스트로 각광받습니다. 그는 어떤 사상적, 예술적, 이념적 경계에도 갇히기를 거부한 위대한 '유목민'이었고, "예술은 고등 사기"라는 자신의 말을 거침없이 실천한 유쾌한 '사기꾼'이었습니다.

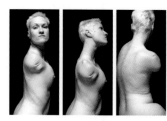

앨리슨 래퍼, 「비너스」

● 앨리슨 래퍼(Alison Lapper, 1965~)

"거기 그렇게 내가 있었다. 태어난 지 일주일 된 앨리슨 래퍼. 팔은 양쪽 다 없었다. 다리는 무릎 아래가 없고, 넓적다리뼈에 발이 달려 있었다. 해표지증. 불구자라는 말이 끔찍이도 싫었지만, 그 딱지는 19년간 나를 따라다녔다."

해표지증이란 일명 '바다표범 손발증'으로, 바다표범처럼 손발이 짧은 선천적 증상입니다. 오스트리아의 한 의사는 이들에게 아기 천사처럼 손발이 짧다는 의미로 '에인절 베이비(angel baby)'라는 이름을 붙여 주었다고 해요. '에인절 베이비'로 태어난 앨리슨 래퍼는 어느 날 운명처럼 밀로의 비너스를 만납니다. "그렇다! 비너스는 우리에게 두 팔이 없는 채로 왔다. 그래도 충분히 아름답고 완전하지 않은가!"

그녀는 이제 자신의 육체를 부끄러워하지 않고 직시하기로 합니다. 그녀에게 정상과 비정상은 세상이 만들어 낸 척도일 뿐, 이 세상의 모든 존재는 그 자체로 완전하고 아름답다는 것. 밀로의 비너스처럼 두 팔이 없는 채로 완전하게 이 세상에 안착한 앨리슨 래퍼는, 그런 자신의 신체를 사진으로 찍기 시작했습니다. 그리고 힘든 과정을 거쳐 아이도 가졌습니다. 그리고 조각가 마크 퀸은 임신한 그녀의 모습을 대형 조각으로 제작했습니다. 트래펄가광장에 가면 우리는 '임신한 비너스' 앨리슨 래퍼를 만날 수 있습니다.

■ 사진 제공 : 유로크레온, 위키커먼즈, 국립중앙박물관, 삼성미술관 리움
■ 너머학교는 이 책에 실린 모든 자료의 출처를 찾기 위해 최선을 다했습니다. 누락이나 착오가 있으면 다음 쇄를 찍을 때
꼭 수정하겠습니다.

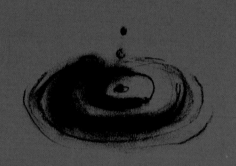

그림을 그린 **정지혜** 선생님은
서울에서 태어나 자랐고, 대학에서 만화예술을 공부했습니다. 그림으로 아이들과 소통하는 다양한 길을 찾으면서 그림책을 그리고 있습니다. 그동안 『다 내 거야』 『골목에서 소리가 난다』 『연보랏빛 양산이 날아오를 때』 『나는야, 늙은 5학년』 『읽는다는 것』 등의 책에 그림을 그렸습니다.

느낀다는 것
채운 선생님의 예술 이야기

2011년 6월 1일 제1판 1쇄 발행
2018년 4월 10일 제1판 7쇄 발행

지은이	채운
그린이	정지혜
펴낸이	김상미, 이재민

기획	고병권
편집	김세희
디자인기획	민진기디자인

종이	다올페이퍼
인쇄	청아문화사
제본	광신제책

펴낸곳	너머학교
주소	서울시 종로구 자하문로 100-1 청운빌딩 201호
전화	02)336-5131, 335-3366, 팩스 02)335-5848
등록번호	제313-2009-234호

너머북스와 너머학교는 좋은 서가와 학교를 꿈꾸는 출판사입니다.